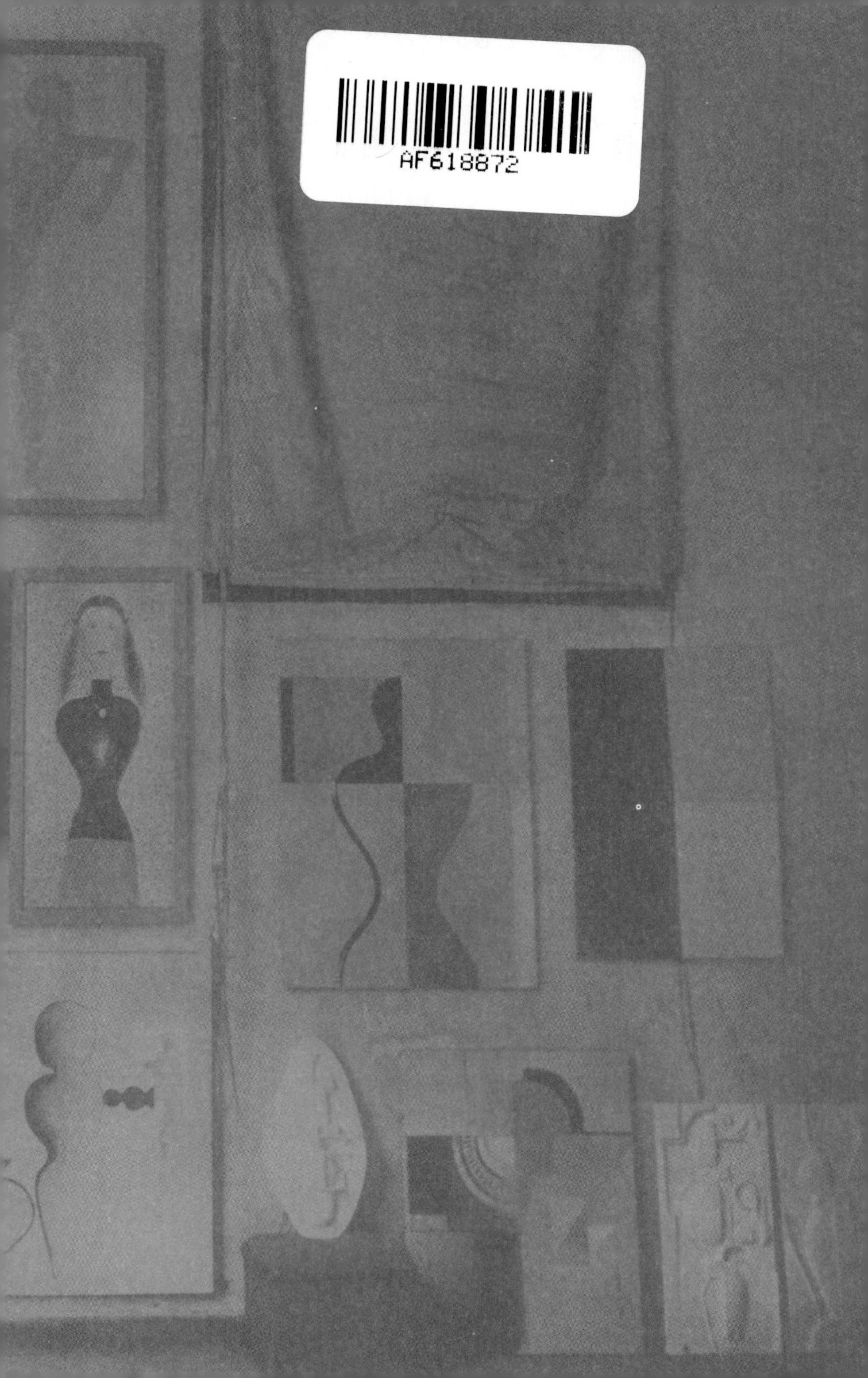

AF618872

Oskar & Darja

Oskar & Darja
Schlemmers Muse

Eine Erzählung von

Sabine Appel

nach Aufzeichnungen von

Alexei Jekimowski

HIRMER

Vorwort

Diesem Buch liegen die Aufzeichnungen Alexei Jekimowskis zugrunde, des Enkels von Dora Naumowna Jekimowskaja. Er wurde in Moskau geboren, lebt seit 1991 in Israel, und dort sind seine Erinnerungen an sie unter dem Titel *Darja, musa Oskara Schlemmera* (deutsch: Darja, Oskar Schlemmers Muse) im Verlag Dostojanije im Jahr 2014 erschienen. Eine Bleistiftzeichnung Schlemmers, *Die schlafende Darja*, und die wenigen Fotos von ihr in diesem Buch dienten als Grundlage für die Beschreibung ihres Aussehens. Das große Verdienst des Buches liegt darin, dass der Autor sich bemüht hat, aus Liebe und Dankbarkeit für seine Großmutter ihr Schicksal und das ihrer Familie lebendig zu erhalten. Im Übrigen erzählt er von ihrem Leben mit äußerster Diskretion, sodass die Autorin des jetzt vorliegenden Textes vielfach auf Mutmaßungen angewiesen war.

Eine weitere Quelle für die Darstellung waren viele der erhaltenen Briefe Schlemmers an Darja sowie eine Auswahl seiner Briefe, Tagebücher und Schriften, herausgegeben von Andreas Hüneke, 1989 erschienen im Reclam Verlag Leipzig. Von Darjas Briefen an Schlemmer fehlt leider jede Spur. Ebenso rätselhaft ist der Verbleib einer gewissen Anzahl eigener kleinerer Werke Schlemmers, die er in Abständen an Darja geschickt hatte, damit sie diese verkaufen und aus dem Erlös finanzielle Engpässe überbrücken könne, von denen sie sich jedoch niemals getrennt hatte. Bis heute ist ungeklärt, was aus diesem Teil der Werke Schlemmers geworden ist.

Die von Alexei Jekimowski vorgegebenen biografischen Daten Darjas wurden ergänzt um Versuche über Leben und Werk Oskar Schlemmers und um Erläuterungen zu zeit- und kulturgeschichtlichen Zusammenhängen. Russische Namen und Begriffe sind in phonetischer Umschrift wiedergegeben, die Schreibung weniger Namen, die sich im Deutschen bereits davon abweichend durchgesetzt hat, wurde so wie bekannt beibehalten.

Sabine Appel
Berlin, 12. Februar 2017

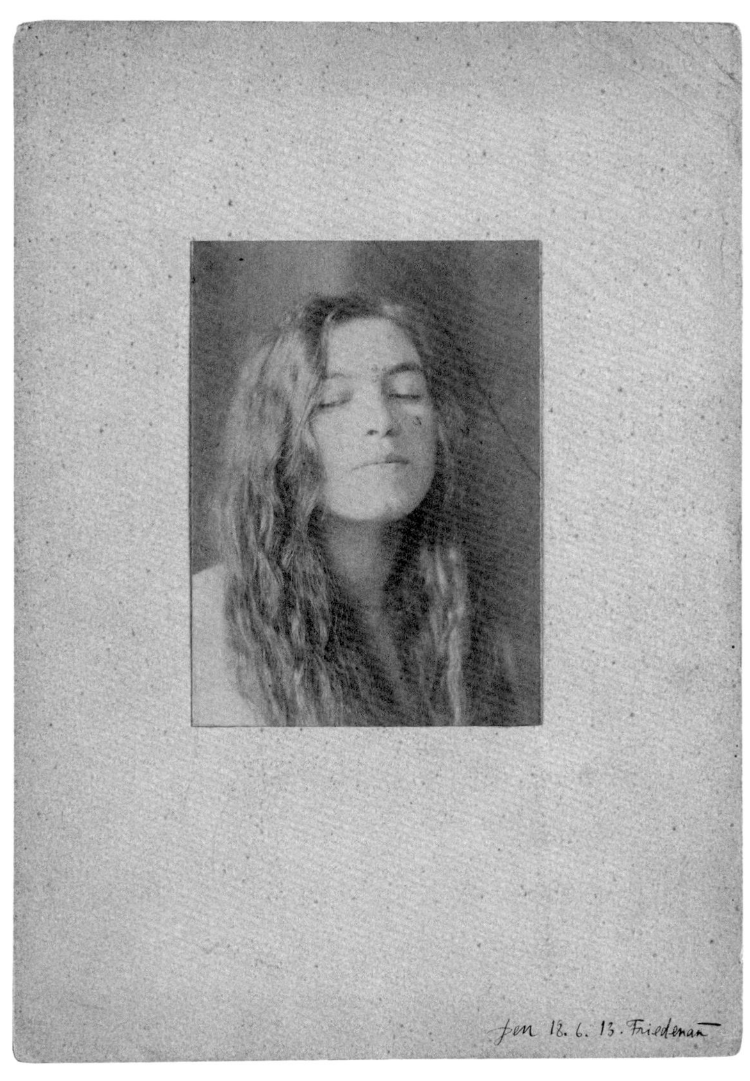

1 Darja Jekimowskaja, 1913

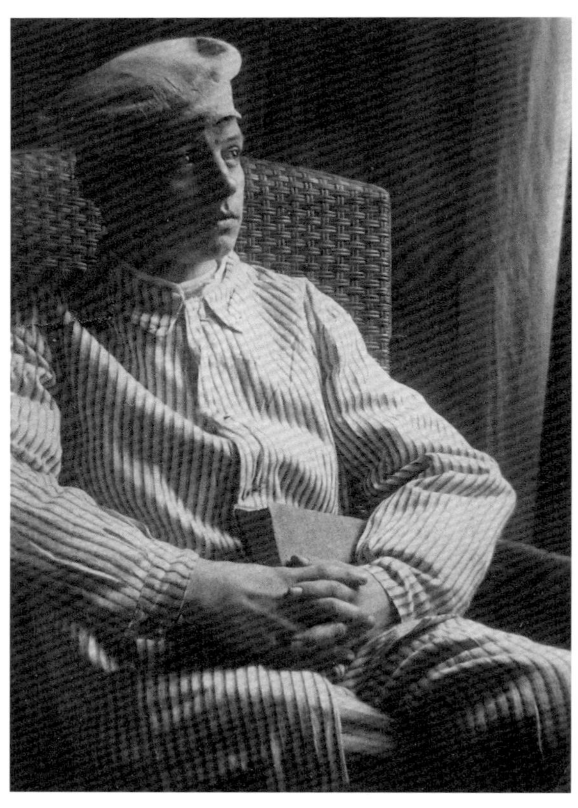

2 Oskar Schlemmer im Kriegslazarett, Januar 1915

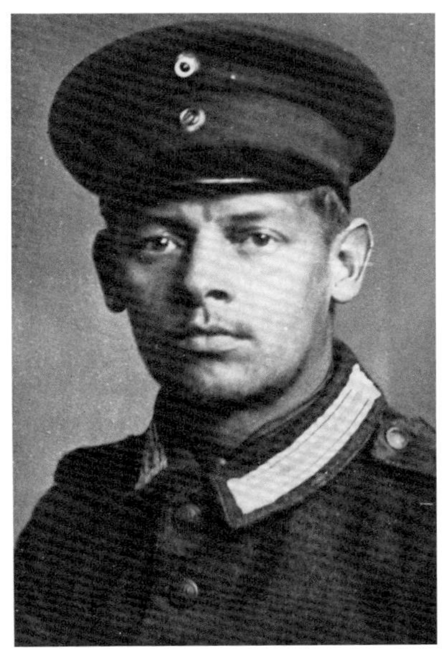

3 Oskar Schlemmer in Uniform

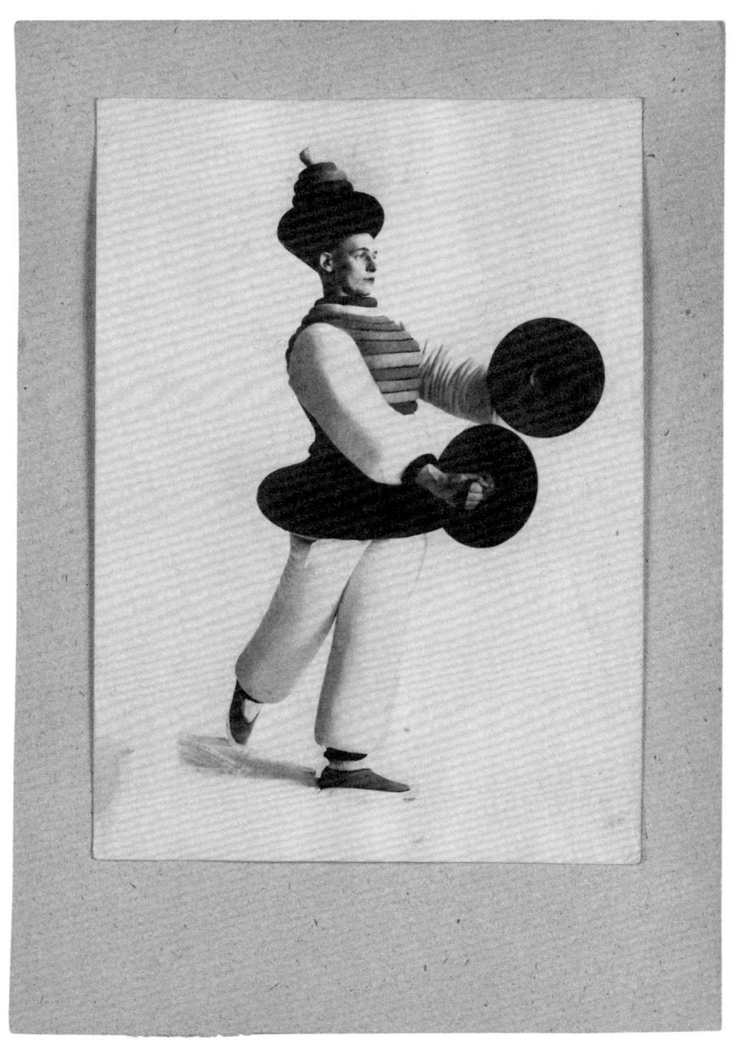

4 Oskar Schlemmer als Tänzer, türkisch, *Triadisches Ballett*, 1922, Fotografie vom Künstler farbig überarbeitet

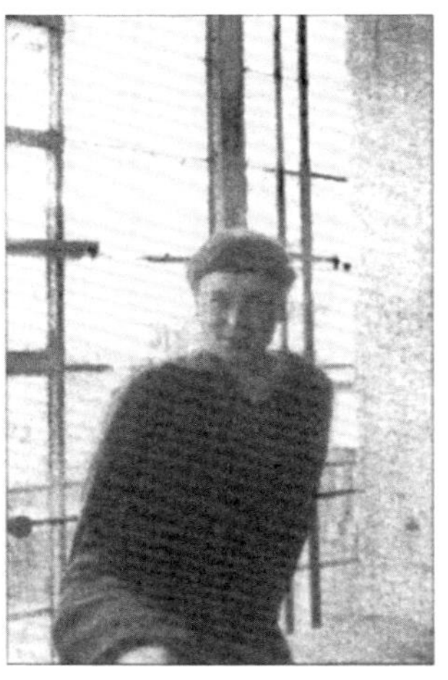

5 Ljolja Jekimowskaja, Darja Jekimowskajas Tochter aus erster Ehe, im Bauhaus, Dessau

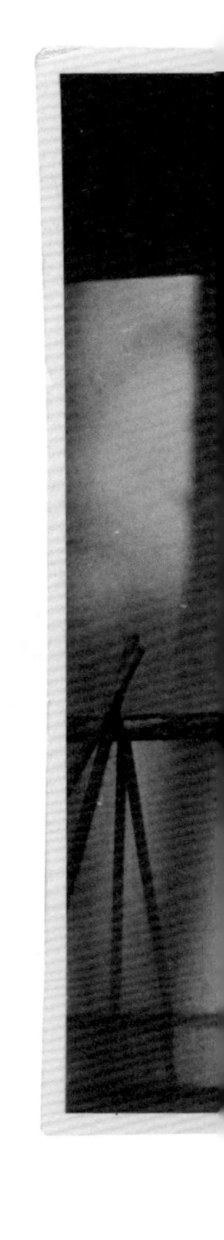

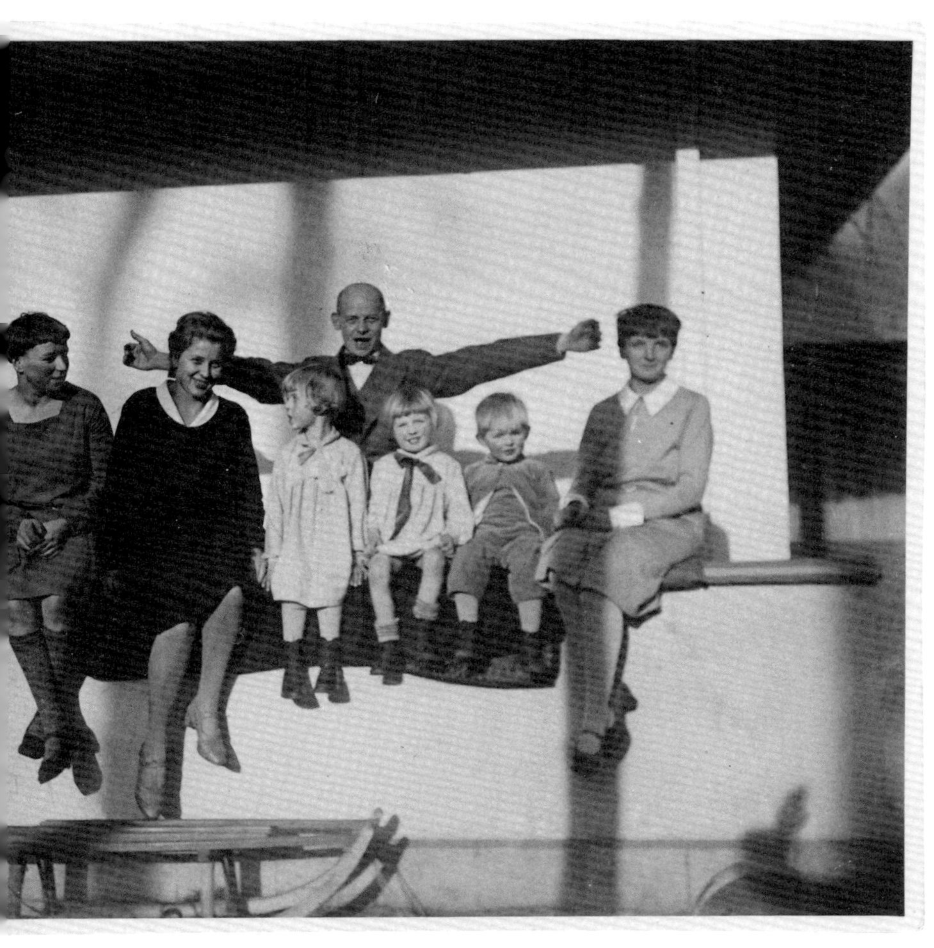

6 Ljolja Jekimowskaja, Gunta Stölzl, Karin, Jaina und Tilman, Tut Schlemmer (v.l.n.r.), dahinter Oskar Schlemmer, um 1928

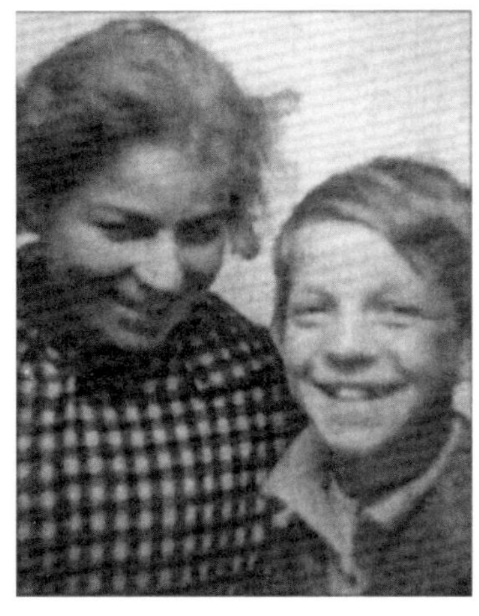

7 Ljonja Jekimowski, Oskar Schlemmers und Darja Jekimowskajas Sohn, Deutschland 1928

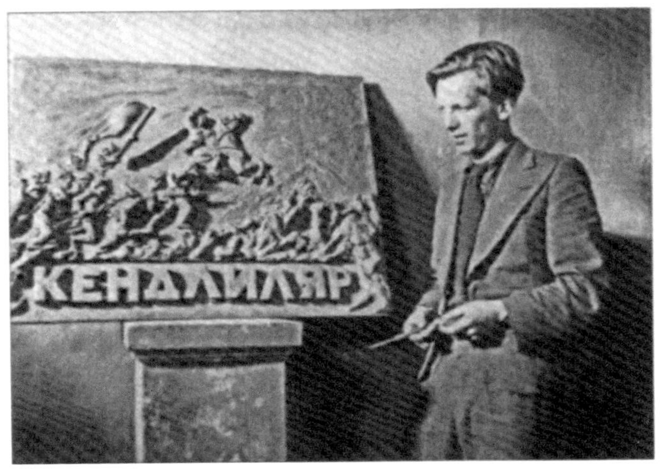

8 Ljonja Jekimowski mit seinem Basrelief. Das Werk gibt ein Ereignis aus dem Heldenepos Aserbeidschans wieder, Baku, etwa 1936

Für meine Großmutter.

Alexei Jekimowski

I.

1890–1913

Man nennt mich Ljonja. Das ist nicht mein wirklicher Name, doch sein Klang tönt aus früheren Zeiten herüber bis in meine Gegenwart. Die Erste, die mich so nannte, war meine Großmutter Darja, damals in den 1940er-Jahren nach dem Zweiten Weltkrieg. Aber begonnen hat die Geschichte sehr viel früher, im ausgehenden 19. Jahrhundert in Russland und Deutschland. Es folgte eine Zeit, in der die meisten Völker der Welt in den Sog von Kriegen, Revolutionen und anderen großen historischen Ereignissen gezogen wurden und die Menschen erleben mussten, wie diese Umstände in ihr Schicksal eingriffen und sich untrennbar mit ihren Biografien verbanden. Deshalb kann auch ich nicht von meiner Familie berichten, ohne über die Ereignisse der Zeit zu sprechen.

Die wichtigste Person aus dieser Vergangenheit ist für mich meine Großmutter Dora Naumowna Jekimowskaja, genannt Darja, und vor allem von ihr möchte ich erzählen. Sie wurde im Jahr 1890 in Slonim im heutigen Weißrussland geboren. Wie das Land, das heute an Polen, die Ukraine, Russland, Lettland und Litauen grenzt, so war auch die Stadt Slonim Spielball wechselnder Mächte. Zur Zeit von Darjas Geburt gehörte sie nach der dritten Teilung Polens zu Russland, galt als bedeutendes Zentrum jüdischer Kultur mit einem lebendigen Schtetl und überwiegend jüdischer Bevölkerung, der auch Darja angehörte.

Im Jahr 1904, als der Krieg zwischen Russland und Japan begann, kam es in Darjas Umgebung wie im ganzen Land zu Protesten gegen die allgemeine Mobilmachung in einer ohnehin angespannten Situation im Vorfeld der Revolution von 1905. Kosaken der zaristischen Armee sollten die Stadt sichern, aber das ängstigte die Bewohner mehr als alles andere, und so verließ ein Großteil der weiblichen Bevölkerung die Stadt. Die Eltern schickten Darja zu den Großeltern in die Kreisstadt Sejny im russischen Gouvernement Suwalken, unweit der Grenze zum heutigen Litauen. Das Reisen war zu dieser Zeit abwechslungsreich, aber auch etwas beschwerlich. Man fuhr mit der Eisenbahn, dem Schiff oder mit Pferdefuhrwerken, und es ging nur etappenweise voran. Darja gefiel die Reise außerordentlich. Auf einer der Stationen wohnte sie für ein paar Tage bei Verwandten und kam dort in Kontakt mit anderen Jugendlichen. Überlegungen zur Notwendigkeit gesellschaftlicher und politischer Veränderungen hatten bereits weite Teile der Bevölkerung erreicht und wurden besonders von jungen Menschen leidenschaftlich aufgenommen und diskutiert. Auch Darja tauschte mit ihren neuen Freunden Erfahrungen, Eindrücke und Mutmaßungen zur aktuellen Lage aus. Schließlich saß man um ein Lagerfeuer, und sie lernte die kämpferischen Lieder der nach politischen Umwälzungen drängenden Gruppen kennen, in denen es darum ging, keinen Einsatz zu scheuen und mutig voranzuschreiten, um ein neues besseres Leben zum Wohle aller aufzubauen. Darja war von diesem gemeinsamen Erlebnis tief beeindruckt, und es hinterließ bei ihr ein hochgestimmtes Gefühl und den Wunsch, allen Menschen Freiheit und Gerechtigkeit zu bringen. Auch andere Fragestellungen, die sich dort ergeben hatten, beschäftigten sie weiter, zumal sie schon in Slonim Zusammenkünfte von Arbeitern besucht und mit ihnen über deren Probleme gesprochen hatte. Am Ziel ihrer Reise, bei den Großeltern in Sejny, lernte sie den »Bund« kennen, eine 1897 als Allgemeiner Jüdischer Arbeiterbund gegründete sozialdemokratische Organisation, und deren dortigen Sprecher Gruschkin, mit dem sie weiter in Verbindung blieb. Von diesen Begegnungen beeinflusst, kehrte Darja 1905 nach Slonim zurück. Wissbegierig, intelligent, empfindsam und mitfühlend beschäftigte sie sich weiter mit den für sie neuen politischen Ideen. Wie aber wurde aus Darja eine echte Revolutionärin?

Das russische Zarenreich war damals ein Koloss, der sich über halb Europa und ein Drittel des asiatischen Raums erstreckte, von seinen Herrschern autokratisch geführt, deren Interessen mit militärischer und polizeistaatlicher Gewalt durchgesetzt wurden, und mit seit Langem festgefahrenen Strukturen. Der weitaus größte Teil der Bevölkerung bestand aus leibeigenen Bauern, die in vollkommener Abhängigkeit von ihren Herren leben mussten. Meist Analphabeten, da sie nichts lernen durften, waren sie an den Ort und die Verhältnisse gefesselt, in die sie hineingeboren waren. Sie waren zur Arbeit verpflichtet und durften ihren Ehepartner nicht selbst wählen: Gewünschte Ehen konnten von ihren Herren verboten und Zwangsehen angeordnet werden. Sie unterlagen der Gerichtsbarkeit ihrer Herren, und körperliche Züchtigungen wie Auspeitschen gehörten zu ihrem Alltag. Bei Verweigerung oder Auflehnung wurden sie bestenfalls in den Militärdienst gezwungen und erlitten dort durch adlige Offiziere das gleiche Schicksal. Zwar wurde die Leibeigenschaft im Jahr 1861 offiziell aufgehoben, aber durch komplizierte, restriktive Durchführungsbestimmungen blieben die alten Strukturen zum großen Teil noch jahrzehntelang wirksam.

Der restliche Teil der Bevölkerung bestand aus dem Adel, den Beamten, Kaufleuten und Bewohnern der Städte. Dazu kam eine schnell wachsende Arbeiterschaft, die unter derart schlechten Bedingungen lebte, dass von ihr bald starke revolutionäre Impulse ausgingen. Durch die zunehmende Industrialisierung wuchs der Zuzug in die Städte, deren Einwohnerzahl sich in der zweiten Hälfte des 19. Jahrhunderts nahezu verdoppelte. Seit Inkrafttreten der Universitätsverfassung von 1803/1804 entwickelte sich außerdem eine neue Bevölkerungsschicht, die sogenannte Intelligenzija, nachdem sich die Universitäten allen Ständen der Gesellschaft hatten öffnen müssen – ein Angebot, das begierig aufgenommen wurde. Die verzweifelte Wut der Bauern, die Entschlossenheit der Arbeiter und die Führungsqualität der Intelligenzija wurden zu drei starken Impulsen der revolutionären Bewegung, deren Erfolge sich allerdings vorerst auf formelle Konzessionen des zaristischen Regimes beschränkten.

Nicht nur die Revolutionäre, sondern auch – anders als in Deutschland – nahezu alle russischen Literaten des 19. Jahrhunderts setzten sich mit den Problemen ihres Landes auseinander. Ob Gogol, Dostojewski, Tolstoi, Turgenjew, Tschechow, Bunin, Samjatin, Soschtschenko, Mandelstam, Majakowski oder Gorki: Sie alle bezogen, natürlich auf je ganz eigene Art, Position zu den gesellschaftlich notwendigen Veränderungen und politischen Entwicklungen in Russland. Gontscharow gelang es, sogar den ewigen Bettbewohner Oblomow im gleichnamigen Roman aus seiner nachdenklichen Beschaulichkeit wiederholt kurzfristig aufzuschrecken und in Panik zu versetzen bei dem Gedanken, er müsse auf seinem Landgut Reformen durchführen.

Darja hatte einiges davon gelesen. Nach allen Eindrücken, sowohl aus der Realität als auch aus der Literatur, fiel ihr der Entschluss leicht, sich einer der überall in Russland wirkenden revolutionären Gruppen anzuschließen, die die Verhältnisse im Land verändern wollten. Die Aufgabe bestand vor allem darin, das Volk aus seiner Lethargie aufzurütteln, Auswege aufzuzeigen, Gesprächsforen anzubieten, aufzuklären und nach Möglichkeit die Energie der disparat, verstreut und unorganisiert tätigen Gruppen zu bündeln, in eine gemeinsame Bahn zu lenken und damit die allgemeine Unzufriedenheit und Empörung in Gegenmaßnahmen zu verwandeln. In diesen Gruppen wurde gelesen, diskutiert, Aufträge zu kleineren Aktionen wurden vergeben, man sang Revolutionslieder – bis es eines Tages ernster wurde.

Die Gruppe bekam den Auftrag, acht Gefangene auf dem Weg vom Gefängnis in die Verbannung zu befreien, sie zu verstecken, zu versorgen und ihnen weiterzuhelfen. Der Plan gelang wie auch eine zweite Aktion dieser Art. In der Folge bekam Darja die unterschiedlichsten Aufgaben: Waffen zu verstecken, Munition zu überbringen, illegale politische Literatur zu verteilen und Geld zu sammeln, um in Notfällen helfen und Kranke mit Essen und Medikamenten versorgen zu können.

Bestärkt wurden diese revolutionären Gruppierungen dadurch, dass im Jahr 1905 revolutionäre Bestrebungen zum ersten Mal im ganzen Land offen zutage traten. Ausgelöst durch den sogenannten Petersburger Blutsonntag im Januar des Jahres, an dem eine friedliche Massendemonstration der Arbeiter von der zaristischen Garde durch Schüsse in die Menge aufgelöst wurde, die eine große Anzahl von Toten und Verletzten forderten, schlug die friedliche Absicht in revolutionäre Aktionen um, die von dort sehr schnell auf weite Teile des Landes übergriffen. Es kam zu ausgedehnten Arbeiterstreiks (ein Eisenbahnerstreik legte mehrere Wochen lang den gesamten Verkehr des Landes lahm), zu Gewalt von Bauern gegen Gutsherrn und zu Meutereien in der Flotte, zu deren Symbol der Aufstand der Besatzung auf dem Panzerkreuzer *Knjas Potjomkin Tawritscheski* in Odessa wurde, noch heute bekannt durch den Film von Sergei Eisenstein. Die Revolutionäre hatten auch bis dahin bereits stillschweigende Sympathien besonders der Intelligenzija auf ihrer Seite, aber die allgemeine Empörung über den vielfachen Mord an Unschuldigen in St. Petersburg hatte ihnen nun breiten Rückhalt in der Bevölkerung verschafft. Der Zar, jetzt zusätzlich innen- und außenpolitisch geschwächt durch den verlorenen Krieg gegen Japan, sah sich zu Konzessionen gezwungen. Im Oktobermanifest von 1905 versprach er eine konstitutionelle parlamentarische Verfassung. In der Zwischenzeit hatten sich jedoch extreme Rechte zur Vereinigung der berüchtigten »Schwarzen Hundertschaften« formiert, die besonders in Südrussland und dessen Brennpunkt Odessa mit großer Brutalität gegen Revolutionäre vorgingen und grausame Judenpogrome verübten. Das Entsetzen über diese Eskalation der Gewalt bestärkte gemäßigte Kräfte der Bevölkerung in dem Wunsch nach Stabilität und Ausgleich, die sie in der konstitutionellen Monarchie zu finden hofften. Die revolutionären Aktionen wurden nach und nach eingestellt in Erwartung der Reformen, die von der Duma, den jetzt gewählten Volksvertretern als gesetzgebendem Organ, durchgesetzt werden sollten. Kurz vor Eröffnung der Duma jedoch wurden autokratisch beschlossene »Grundgesetze« veröffentlicht, mithilfe derer es der langsam wieder erstarkenden Zarenregierung ermöglicht wurde, die Zugeständnisse an das Volk teils zu unterlaufen, teils schrittweise wieder zurückzunehmen, bis der Zar sich schließlich ganz darüber hinwegsetzte, die Duma im Juli 1906 auflöste und Neuwahlen anordnete. Diese Maßnahme hatte eine Eskalation der Gewalt von linken Revolutionären einerseits und der ultranationalen Rechten andererseits zur Folge, bis durch ein völlig neues Wahlgesetz ab 1907 eine konservative zarentreue Mehrheit in der Duma gewährleistet war. Nach dieser Entwicklung waren die Revolutionäre wieder verstärkter staatlicher Verfolgung ausgesetzt.

Darjas Vater machte sich Sorgen wegen seiner Tochter und verbot ihr politische Betätigung. Daraufhin verließ sie ohne Erlaubnis der Eltern die Stadt, ging nach Wilna, setzte dort ihre revolutionäre Arbeit fort und wurde wegen Teilnahme an einer Versammlung zum ersten Mal verhaftet und einen Monat lang unter unwürdigen Bedingungen festgehalten. Vielleicht wurde ihr in dieser Zeit zum ersten Mal in aller Deutlichkeit klar, welche Konsequenzen eine Fortsetzung der revolutionären Tätigkeit für sie haben könnte, obwohl sie auch vorher schon davon gehört oder gewusst hatte, dass Menschen verhaftet, verhört und sogar hingerichtet wurden oder in Straflagern verschwanden. Ein Beispiel von vielen – wenngleich ein besonders spektakuläres – war die bekannte Verhaftung und Bestrafung Dostojewskis. Er war bereits im Frühjahr 1849 wegen der Teilnahme an Zusammenkünften des Kreises um den Sozialisten Michail Petraschewski verhaftet, vor Gericht gestellt und mit 14 weiteren Angeklagten zum Tode verurteilt worden. Nach etwa einem halben Jahr Wartezeit wurden die Gefangenen zum Hinrichtungsort gebracht, wo ein Erschießungskommando bereitstand. Erst im letzten Moment wurde das Urteil für Dostojewski in eine vierjährige Zwangsarbeit in Sibirien umgewandelt, die er dort auch verbüßte, mit anschließendem vierjährigen

Militärdienst als einfacher Soldat. Später stellte sich heraus, dass es sich bei der angeblichen Exekution um eine Scheinhinrichtung gehandelt hatte. Dieses makabre Geschehen nahm Stefan Zweig in seine *Sternstunden der Menschheit* auf.

Darja war zwar ohne weitere Strafe davongekommen, weil sie noch nicht ganz 16 Jahre alt war – da ihre politische Überzeugung nun aber bekannt war, begann für sie ein unstetes, gehetztes Leben in verschiedenen Städten mit häufigen Wohnungswechseln, oft in ein und derselben Stadt, immer in Angst vor Verfolgung und Verhaftung. Nach mehreren Stationen erschien es ihr in Russland allzu gefährlich. Ein Verwandter brachte sie schließlich im Jahr 1907 über Tilsit und Königsberg nach Berlin. Hier traf sie auf eine andere Welt – und doch so völlig anders nicht, denn Darja nahm sofort Verbindungen zu Mitgliedern des »Bund« auf, der auch in Deutschland aktiv war, um weiter für die internationale Verbreitung der sozialistischen Idee zu arbeiten. Dadurch war sie nicht allein in dem fremden Land, in der fremden Großstadt, sondern befand sich in einem Kreis Gleichgesinnter. Sie lernte Deutsch und besuchte russische und deutsche politische Versammlungen. Der »Bund« betraute sie wieder mit Aufgaben, die jetzt hauptsächlich darin bestanden, russischen und polnischen Emigranten zu helfen. Und obwohl Darja bald bemerkte, dass sie dabei sowohl von deutschen als auch von russischen Spitzeln beobachtet wurde, führte sie ihre Arbeit unbeirrt fort.

Im Jahr 1910 lernte sie die geschiedene Frau Gusta des Pianisten Ernst Hoffzimmer (1877–1957) und deren zwei Kinder kennen. Gusta litt sehr unter der Trennung von ihrem Mann, und Darja kümmerte sich um sie und die Kinder. Den Sommer verbrachten sie gemeinsam in einem von Hoffzimmer für seine Familie gemieteten Haus am Schwielowsee südwestlich von Potsdam. Darja war 20 Jahre alt. Sie hatte ein ebenmäßig proportioniertes Gesicht mit hohen Wangenknochen, dunkel geschwungenen Augenbrauen, ausdrucksvollen, lebhaften Augen, schön geschnittenen Lippen und trug üppiges, langes, leicht gewelltes Haar. Sie sprach mit fremdartigem Akzent gut Deutsch, war gesellig, unterhaltsam und schlagfertig. Am Schwielowsee erlebte sie eine für ihr erwachsenes Leben ungewöhnlich unbeschwerte, glückliche Zeit. Viele Freunde Ernst Hoffzimmers kamen zu Besuch, Maler, Schriftsteller, Musiker, auch Hoffzimmer selbst. Man sprach über Kunst und Literatur, musizierte, sang, badete im See: Das Leben war für Darja aufregend und schön. Im Herbst wurde sie Hoffzimmers Frau, zog zu ihm in seine Wohnung, kümmerte sich aber weiter um Gusta und die Kinder und gebar selbst im November 1910 eine Tochter, Dolores, genannt Ljolja – meine Mutter. Die meisten Revolutionäre versagten sich sowohl einen Beruf als auch ein Privatleben mit Ehe und Kindern, da beides in Widerspruch stand zu einem Dasein mit ständigen Ortswechseln, Änderungen der Identität, manchmal auch des Aussehens und der permanenten Bereitschaft zur Aktion. Wer sich diesen Luxus doch leistete, konnte ein Kind nicht lange bei sich behalten, und so gab Darja ihre kleine Tochter in die ländliche, sozialistisch geführte Kolonie »Eden«. Ihre Ehe mit Hoffzimmer verlief nicht glücklich und wurde im Jahr 1912 geschieden. Er wanderte 1927 in die USA aus, und beide haben sich nie wiedergesehen. Ljolja blieb in der Kolonie »Eden« in der Nähe der Mutter.

Im Herbst des Jahres 1910 war auch der junge Künstler Oskar Schlemmer nach Berlin gekommen und wohnte dort bei seinem Bruder Carl. Oskar war der jüngste von sechs Geschwistern aus einer bürgerlichen Stuttgarter Familie. Seine Jugend war nicht einfach:

Als sein Vater starb, war er vierzehn Jahre alt, seine Mutter starb vier Jahre später. Er musste früh lernen, was Verlust bedeutet, und erkennen, dass er ganz allein dafür verantwortlich war, in welche Richtung sich sein weiteres Leben entwickeln würde. Nach der handwerklichen Ausbildung in einer Intarsienwerkstatt wurde er 1906 als Stipendiat in die Stuttgarter Akademie der Bildenden Künste aufgenommen und studierte dort freie Malerei. Die Berlinreise zu seinem Bruder hatte er unternommen, um neue Eindrücke zu gewinnen, und tatsächlich erhielt er dort Zutritt zum »Sturm«-Kreis um Herwarth Walden und lernte nach und nach maßgebliche Werke der europäischen Avantgarde kennen. Nicht zuletzt aber begegnete er dort Darja.

Sie erzählte mir später, er habe ihr auf den ersten Blick gefallen. Er sei galant und zuvorkommend gewesen, energisch und klug. Sie waren fast gleichaltrig, Darja gerade zwanzig und Schlemmer zweiundzwanzig Jahre alt – aber wie unterschiedlich waren die Welten, aus denen sie stammten! Das ihnen Gemeinsame bestand wahrscheinlich darin, dass beide in sehr jungen Jahren mit großer Sicherheit und Konsequenz den ihnen gemäßen Weg fast als vorgegeben empfanden und weiter verfolgten: Darja in ihrer revolutionären Arbeit und Schlemmer in der Kunst. Allerdings dachten sie wohl kaum über diese Fragen nach, die Attraktion war viel zu groß. Sie begegneten einander spielerisch, flirtend, lachend und lernten sich gegenseitig allmählich besser kennen, bis sie merkten, dass die Eigenschaften und Ansichten des anderen sie wirklich interessierten, sie zu Einverständnis oder Widerspruch reizten, dass die Zeit mit dem Gegenüber inspirierend und unterhaltsam war. Sie wurden, kurz gesagt, ein Paar.

Es scheint, als ob Darja zudem ein angeborenes und sicheres Verständnis für Kunst hatte. Das schätzte Schlemmer in all den Jahren ihrer Verbindung sehr, und deshalb war ihm ihre Kritik seiner Arbeit, ihr erster Eindruck, immer besonders wichtig. Umgekehrt konnte er ihre spontanen Reaktionen mit seinem Wissen vertiefen und sie mit vielem vertraut machen, das ihr bis dahin unbekannt war und nun ihre Weltsicht erweiterte. Beide brachten das für sich auf die Formel »1+1=3«. Sie meinten damit das Dritte, das nur aus dem Ablauf ihrer Gespräche hervorgehen konnte und sie selbst immer wieder überraschte. Diese erste schöne gemeinsame Zeit wurde unterbrochen, als Schlemmer im Sommer 1912 wie geplant an die Stuttgarter Akademie zurückkehrte, aber dafür begann nun ein intensiver Briefwechsel: Schlemmer schrieb gern, sowohl Tagebücher als auch Briefe, und begriff alles Handschriftliche als eigenständige künstlerische Ausdrucksform.

Schon kurz vor Schlemmers Reise nach Berlin war im Jahr 1909 die »Neue Künstlervereinigung München« gegründet worden, der neben Alexander Kanoldt, Alfred Kubin, Karl Hofer, Heinrich Schnabel die Russen Alexej Jawlensky, die Brüder Burljuk, Wladimir Bechtejew, Marianne von Werefkin und der Tänzer Alexander Sacharow angehörten. Vorsitzender war bis zu seinem Austritt 1911 Wassily Kandinsky. In ihren Ausstellungen von 1909, 1910 und 1911 zeigten sie Werke von Braque, Derain, van Dongen, Kanoldt, Kubin, Münter, Picasso, Rouault, de Vlaminck, aber auch von Kandinsky, Jawlensky, Dawid und Wladimir Burljuk, Marianne von Werefkin und Bechtejew. Die Öffentlichkeit nahm mit Erstaunen und Überraschung zur Kenntnis, dass plötzlich auch russische Künstler in diesen Ausstellungen vertreten waren, denn bis dahin hatte die russische bildende Kunst kaum das Bewusstsein der westlichen Welt erreicht. Selbst die in Russland beliebten Künstler früherer Epochen waren über die

Grenzen des Landes hinaus kaum in Erscheinung getreten. Allenfalls waren wenige Maler des 19. Jahrhunderts einem breiteren Publikum bekannt, so etwa Isaak Iljitsch Lewitan, ein lebenslanger enger Freund Tschechows, vor allem und fast ausschließlich Landschaftsmaler, der auf intensive verinnerlichte Weise seine Sicht der russischen Natur ausdrückte. Außer ihm kannte man vielleicht noch Ilja Jefimowitsch Repin, einen Künstler von hoher malerischer Könnerschaft – sowohl in seinen Historienbildern mit häufig sozialkritischen Motiven als auch in den Genrebildern und seinen sehr subtil gesehenen Porträts wie dem von Lew Tolstoi. In Russland galt er als bedeutendster Maler der zweiten Hälfte des 19. Jahrhunderts, und der Ort, an dem er 1930 starb, heißt heute nach ihm Repino.

Dass nun russische Künstler gleichwertig neben ihren übrigen europäischen Kollegen an die Öffentlichkeit treten konnten, war Folge eines intensiven Erfahrungsaustauschs, der durch persönliche Vermittlung Einzelner zustande gekommen war, die sich zwischen beiden Welten bewegten, so zum Beispiel durch Kandinsky. Er lebte und arbeitete schon seit 1896 in München. Nicht nur bei den Ausstellungen der Neuen Künstlervereinigung München setzte er sich für russische Künstler ein, auch zu Ausstellungen des Blauen Reiters lud er Künstler wie Michail Larionow, Natalja Gontscharowa und Kasimir Malewitsch ein. Ein anderer dieser Vermittler war Herwarth Walden mit seiner Galerie und Zeitschrift *Der Sturm*, der zunehmend russische Künstler ausstellte und förderte.

Umgekehrt bewirkten zwei russische Sammler und Mäzene, Sergei Iwanowitsch Schtschukin und Iwan Abramowitsch Morosow, dass die französische Kunst der Impressionisten, Nachimpressionisten und Fauvisten in Russland bekannt wurde. Sie reisten nach Paris, um dort bei Kunsthändlern wie Vollard oder direkt aus den Ateliers Gemälde zu kaufen, so wie Hugo von Tschudi gemeinsam mit Max Liebermann für Deutschland. Schtschukin erwarb sorgfältig ausgewählte Werke von Cézanne, van Gogh, Gauguin, Monet, Derain und Picasso. Eine besondere Vorliebe hatte er für Matisse, bei dem er seit 1906 zahlreiche Bilder kaufte und bestellte, darunter 1909 für das Treppenhaus seines Moskauer Palais die riesigen Gemälde *Der Tanz* und *Musik*. Morosow sammelte Werke der gleichen Stilrichtungen, dazu Bronzen von Maillol, Werke der Nabis, und sein Moskauer Haus wurde von Maurice Denis mit dem Zyklus *Geschichte der Psyche* ausgeschmückt. Schtschukin öffnete ab 1909 an Sonntagen sein Haus für die Öffentlichkeit. Zuerst kamen nur diejenigen, die mit den Geheimtipps der Moskauer Kunstszene vertraut waren. Später entwickelte sich daraus eine Art Kulturtourismus auch aus westlichen Ländern, denn diese von damals noch umstrittenen Künstlern geschaffenen Werke der beiden russischen Sammler waren auch in den Museen ihrer Ursprungsländer noch kaum vertreten – und schon gar nicht in solcher Fülle und Qualität. Russische Künstler hatten somit, wenn schon nicht im Ausland dann hier, gute Gelegenheit, die neueste französische Kunst kennenzulernen.

Die Sammlungen wurden nach den Revolutionen von 1917 und 1918 verstaatlicht, und beide Sammler emigrierten. Als Walter Benjamin 1927 Moskau besuchte, konnte er die Werke im nunmehr »Staatlichen Museum für Neue Westliche Kunst« besichtigen. Im Zweiten Weltkrieg nach Sibirien ausgelagert, kehrten sie 1948 nach Russland zurück und wurden auf das Puschkin-Museum in Moskau und die Eremitage in Leningrad verteilt, aber erst seit Mitte der 1950er-Jahre, nach dem Tod Stalins, dem Publikum zugänglich gemacht.

Die Maler aber hatten im Hause Schtschukins zu Beginn des Jahrhunderts viel gelernt und in der Zwischenzeit durch vielfältige Kontakte unterschiedliche Anregungen aufgenommen. Auf Cézanne fußend und besonders beeindruckt von Expressionismus, Fauvismus, Kubismus und Futurismus, entwickelten sie mit erstaunlicher Dynamik individuell geprägte Stilrichtungen, und russische Künstler konnten sich bald eines ähnlichen Publikumsinteresses erfreuen wie ihre westlichen Kollegen. Hier bahnte sich eine andere Internationale an, die Internationale der Kunst, in die schon damals die Bereiche bildende Kunst, Literatur, Musik, Theater, Tanz, Film, Fotografie, Mode und Architektur eingebunden waren.

Oskar Schlemmer beschäftigten, wie die russischen Maler, besonders die Kubisten und außerdem die Werke Kandinskys, mit dessen grundlegendem Essay *Über das Geistige in der Kunst* er sich ausführlich auseinandersetzte. Im Dezember 1912 notierte er im Tagebuch auch zum ersten Mal seine Überlegungen zum Thema Tanz.

II.

1914–1918

An dieser Stelle griff die Weltgeschichte in das Leben von Millionen von Menschen aus vielen Ländern ein: Der Erste Weltkrieg brach über sie herein. Trotz aller Bedenken eines sensiblen, verantwortungsbewussten Menschen erlag Oskar Schlemmer wie die meisten seiner Zeitgenossen der allgemeinen, fast rauschhaft erlebten Begeisterung für die Vorstellung, das Vaterland im Augenblick der Gefahr zu verteidigen: Er meldete sich noch im August 1914 als Kriegsfreiwilliger. Wie in Deutschland gab es auch in mehreren der anderen später am Weltkrieg beteiligten Länder seit Langem schwelende innerpolitische Auseinandersetzungen und Konflikte, die bis in die Familien reichten und für jeden Einzelnen spürbar waren. Das plötzlich aufflammende Gefühl, als einige Nation einem Feind entgegenzutreten, schien diese Spannungen schlagartig auszulöschen, sodass man sogar von einem notwendigen »Reinigungsbad« sprach. So kam es, dass auch Mitglieder pazifistischer Gruppierungen wie der sozialistischen Arbeiterjugendbewegung hochgestimmt in den Krieg zogen. Demonstrationen der übrig gebliebenen Kriegsgegner wurden mithilfe bewaffneter und berittener Polizei gewaltsam auseinandergetrieben.

Oskar Schlemmer jedoch änderte seine Meinung schon bald wieder und gestand am 5. Januar 1915 in einem Brief an Otto Meyer-Amden, dass ihm seine »Gesinnung« vom Spätsommer 1914 abhandengekommen sei.

Im Gegensatz zu den Millionen von Opfern des Krieges kam Schlemmer glimpflich davon, obwohl er sowohl an der Westfront als auch an der Ostfront eingesetzt war. Nachdem er in Galizien leicht verwundet worden war, folgten Lazarettaufenthalte, bis er im Herbst 1915 zum Ersatztruppenteil und in das Soldatenlager Gaisburg bei Stuttgart verlegt wurde. Er war zwar weiter dienstverpflichtet, hatte aber durch die Nähe zu seiner Heimatstadt und der Akademie hin und wieder Gelegenheit, an den dortigen Aktivitäten teilzunehmen. Einen zweimonatigen Urlaub im Winter 1915/16 nutzte er zur Fortsetzung seines Studiums an der Akademie, und er konnte seine Gemälde in Akademieausstellungen zeigen. Gegen Ende des Jahres 1916 wurde er freigestellt, um für eine Wohltätigkeitsveranstaltung seines Regiments eine Balletteinlage mit dem Tänzerpaar Elsa Hötzel und Albert Burger einzustudieren und aufzuführen. Auf diese Weise war für Schlemmer trotz des Krieges eine gewisse Kontinuität der künstlerischen Tätigkeit gegeben.

Das Schönste dieser Zeit aber war zu Darjas und Schlemmers großer Freude, dass beide sich häufig sehen konnten – wie vorher schon während Schlemmers Urlauben oder wie in den Jahren vor dem Krieg. Schlemmer ermöglichte so oft es ging kleine gemeinsame Reisen innerhalb Deutschlands. Beide liebten die Natur, Wälder und Seen, und Schlemmer suchte mit Vorliebe Ziele aus, die er besonders gernhatte und die er mit Darja zusammen neu erleben wollte. Sie besuchten Ortschaften im Frankenwald, im Bayerischen Wald, auf der Schwäbischen Alb, am Bodensee, aber auch in Thüringen und in der Umgebung von Berlin. Darja genoss diese Pausen in ihrem aufreibenden Leben. Außerdem fügten sich diese Aufenthalte nahtlos in ihr unstetes Dasein, das sie sowieso zu ständigen Ortswechseln und Adressenänderungen zwang. Wie am Anfang schätzte Schlemmer nach wie vor Darjas spezielle Sicht auf Kunstwerke, und er nahm sie gern mit in Ausstellungen. Darja wiederum brachte ihm die russische Literatur nah und lieferte damit Anregungen, die er begeistert aufnahm. Wenn sie sich nicht sehen konnten, schrieb Schlemmer ihr häufig Briefe, oft mit kleinen Zeichnungen oder Gedichten, die er für sie verfasst hatte. Er war entzückt von ihren Briefen an ihn, die, witzig und emotional, ebenfalls Verse und Zeichnungen enthielten.

Im Frühjahr 1915 wurde Darja von Schlemmer schwanger. Die Freude auf das gemeinsame Kind war von Anfang an überschattet von den drohenden Schwierigkeiten, die entstehen würden. Darjas Situation als russische Revolutionärin in Deutschland war schon schwierig genug und hatte sich im Jahr 1914 durch den Krieg zwischen Deutschland und Russland noch verschlimmert. Schwangerschaft und bevorstehende Geburt eines Kindes in diesem Land im Krieg, das wussten Darja und Schlemmer, war allzu gefährlich und belastend, und so beschlossen sie schweren Herzens, sich auf Zeit zu trennen und wählten als sicheren Ort für Darja das neutrale Dänemark.

Mit der Unbekümmertheit der Jugend begab Darja sich auf die Reise, zunächst nach Dänemark, später von dort weiter nach Norwegen. Sie folgte dabei den Adressen von russischen Emigrantengruppen, revolutionären Genossen und Sozialdemokraten, die sie von Station zu Station weiterführten, ihr Halt und Hilfe gewährten, sie aufnahmen oder bei der Wohnungssuche halfen. Darja meisterte die Lage gut, sie war kommunikativ und hatte nie Probleme, mit anderen Menschen in freundschaftlichen Kontakt zu kommen. Finanzielle Unterstützung erhielt sie von ihrem Vater ebenso wie von Schlemmer, der ihr häufig schrieb und sehr besorgt um sie war. Für ein halbes

Jahr – die Zeit vor der Geburt und danach – hatte ein Pfarrer in Christiania (heute Oslo) Darja in einer dortigen städtischen Geburtsklinik untergebracht, die gute Pflege bot und für sie kostenlos war. Am 3. Januar 1916 brachte sie einen Sohn zur Welt. Darja und Schlemmer einigten sich auf den Namen Leonid für das Kind, genannt Ljonja. Darja lernte Norwegisch und fand bald Gelegenheit, ein Zimmer in einer Künstlerkolonie zu mieten. Sie blieb mit ihrem Sohn – meinem Halbonkel – anderthalb Jahre lang dort.

Darja war bereits in jungen Jahren sehr selbstständig gewesen, und ihre Erlebnisse hatten die Fähigkeit zu unabhängiger Lebensführung wachsen lassen. Ihr war bewusst geworden, dass sie ihre politischen Überzeugungen vertreten und leben wollte, selbst wenn diese sie in Konflikt mit ihr sehr nahestehenden Personen brachten, so wie damals, als sie sich in Slonim den Wünschen ihres Vaters widersetzt hatte. Aber nun, nachdem sie die Stationen der Reise bewältigt, ihren Sohn ohne Beistand einer Familie zur Welt gebracht und eine Unterkunft für sie beide gefunden hatte, beschlich sie das beklemmende Gefühl alleiniger Verantwortlichkeit nicht nur für das eigene Leben, sondern auch für die, die ihr anvertraut waren, und darüber hinaus eine erste Ahnung sehr verlorener Einsamkeit, die sie nie mehr völlig verlassen sollte. Auch sehnte sie sich nach ihrer kleinen Tochter, meiner Mutter, die in Deutschland geblieben war, und nach Schlemmer, dem sie so gern seinen neugeborenen Sohn gezeigt hätte, obwohl sie wusste, dass dies unter den gegebenen Umständen ausgeschlossen war. Reisen waren am Anfang des 20. Jahrhunderts an sich schon keine Selbstverständlichkeit, aber der Krieg machte sie für Soldaten nahezu unmöglich. Schlemmer stand zwar im Januar 1916 nicht im Feld, war aber dennoch dienstverpflichtet. Tatsächlich wurde er von

Oktober 1916 bis Oktober 1918 wieder an die Front versetzt, danach zu einem Offizierskurs nach Berlin abkommandiert und erlebte dort die Novemberrevolution. Mit Kriegsende wurde er im November 1918 aus dem Militärdienst entlassen. Zu dieser Zeit war Darja bereits in Sowjetrussland.

Nachdem sie sich selbst eingestanden hatte, dass ein baldiges Wiedersehen mit Schlemmer nicht zu erwarten sei, sehnte sie sich intensiv nach Russland, nach der Sprache, nach dem Leben dort, das so anders war als das Leben in Deutschland, und nach ihrer Familie in Slonim. Als sie dann noch erfuhr, dass es in Russland zur offenen Revolution gekommen war und damit zum Beginn einer Bewegung im Land, für die sie sich mit allen Anstrengungen seit ihrer Jugend eingesetzt hatte, wollte sie nun so schnell wie möglich miterleben, wie die Bemühungen aller revolutionären Kräfte um politische Veränderung umgesetzt wurden. Zunächst verweigerte das russische Konsulat in Christiania ihr die Einreisegenehmigung. Um in dieser Sache etwas zu erreichen, bedurfte es offenbar einer Gruppe, und so sah Darja sich nach Gleichgesinnten um. Tatsächlich schien im Mai 1917 eine Reise über Schweden nach Russland möglich zu werden, sodass sie mit ihrem Sohn Leonid aus Norwegen abreiste. Sie kamen jedoch zunächst nur bis Stockholm und standen vor einem unerwarteten neuen Hindernis, das seine Gründe in den großen Umwälzungen hatte, die zu dieser Zeit in ihrer Heimat stattfanden.

Russland litt schwer am Ersten Weltkrieg, auch an der besonderen Sinnlosigkeit des Krieges, der im Namen eines Zaren geführt wurde, der seinem Volk mit unnachgiebiger Härte entgegentrat und Protesten ausschließlich mit Gewalt und Unterdrückung begegnete. Die Soldaten desertierten zu Tausenden. Die Wirtschaft des Landes war geschwächt. Eine mangelhafte Versorgung der Bevölkerung und Hunger, das Arbeiterelend in den Industriegebieten, die Not der Bauern und die Verzweiflung der Soldaten führten dazu, dass die hier und da aufflackernden Aktionen, Aufstände, Plünderungen, Meutereien, Streiks und Demonstrationen sich allmählich zu einem Flächenbrand auswuchsen. Als nach und nach auch die Armee, die eigentlich die Unruhen hätte niederschlagen sollen, auf die Seite der Protestierenden wechselte, wurden die gemeinsamen Ziele der Bewegung sichtbar. Um Ordnung herzustellen, formierten sich überall Arbeiter- und Soldatenräte, die Sowjets. Ihre wesentlichen Forderungen und Ziele waren: sofortige Beendigung des Krieges, Abdankung des Zaren und bessere Versorgung der Bevölkerung. Zar Nikolaus II., der sich seit 1915 im Hauptquartier an der Front befand, versuchte noch verschiedentlich einzugreifen, auch mit Gewalt, doch die Revolution war bereits zu weit fortgeschritten, als dass sie noch aufzuhalten gewesen wäre. Am 27. Februar 1917 nach dem in Russland gültigen julianischen Kalender (dem 12. März unseres gregorianischen Kalenders) wurde das Parlament wiedereröffnet, und die sogenannten Menschewiki – jene politisch gemäßigte Fraktion der seit 1903 gespaltenen Sozialdemokratischen Arbeiterpartei, die der radikaleren Fraktion der Bolschewiki gegenüberstand – bildeten unter der Führung von Georgi Lwow gemeinsam mit Vertretern der Arbeiter- und Soldatenräte die »Provisorische Regierung«. Anfang März gab der Zar dem Drängen seiner Berater nach und unterzeichnete den Thronverzicht zugunsten seines Bruders Michail, der seinerseits nur einen Tag später abdankte. Damit war die jahrhundertelange Zarenherrschaft in Russland beendet. Im Juni 1918 wurden zuerst Michail, im Juli dann die übrigen Mitglieder der Zarenfamilie von den Bolschewiki ermordet.

Zunächst war das weitere politische Schicksal Russlands offen, die für den Herbst 1917 geplanten demokratischen Wahlen sollten es entscheiden. Dazu jedoch kam es nicht, stattdessen eskalierte der Machtkampf zwischen Menschewiki und Bolschewiki. Erstere befürworteten eine parlamentarische Regierung im Rahmen einer konstitutionellen Monarchie, während die radikalen Bolschewiki unter Lenins Führung eine sozialistisch-kommunistische Diktatur des Proletariats anstrebten. Die »Provisorische Regierung« der Menschewiki mit den Arbeiter- und Soldatenräten verlor bald mehr und mehr an Zustimmung in der Bevölkerung, da sie die Forderungen der Revolutionäre nur zögerlich behandelte, Entscheidungen bis nach den geplanten demokratischen Wahlen im Herbst 1917 aufschob und vor allem nicht die Absicht hatte, den Krieg sofort zu beenden, um noch durch Teilsiege eine bessere Verhandlungsposition zu erreichen. Die Unruhe in der Bevölkerung wuchs, das politische Pendel schlug je nach Tageslage in die eine oder andere Richtung aus, Hungerelend und Stillstand schürten Wut und Verzweiflung, die Wirtschaft drohte zusammenzubrechen. Unmittelbar nach seiner Rückkehr aus dem Exil hatte Lenin in den sogenannten Aprilthesen die Diktatur der Bolschewiki gefordert und sah nun den Zeitpunkt für Aufstand und Machtergreifung gekommen. Sie wurde in schweren Kämpfen erfochten, zunächst in Petrograd, danach in Moskau, in anderen Städten und schließlich im ganzen Land, bis die nunmehr in »kommunistisch« umbenannte Partei im Oktober 1917 die Regierung Kerenski stürzen und mit der Auflösung der konstituierenden Versammlung im Januar 1918 selbst die Staatsmacht übernehmen konnte. Das neue Staatsgebilde erhielt den Namen »Russische Sozialistische Föderative Sowjetrepublik«, kurz RSFSR.

Im Dezember 1917 wurden erste Waffenstillstandsvereinbarungen mit den Weltkriegsgegnern erreicht, und im März 1918 schied Sowjetrussland aus dem Krieg aus, der erst im November 1918 endgültig beendet wurde. Zurück blieb allerdings die gesamte Problematik des Landes und nicht zuletzt auch eine große Anzahl gemäßigter revolutionärer Gruppierungen, die schon seit Jahren ihr Leben für die sozialistische Idee eingesetzt und gekämpft hatten, sich aber eine liberalere, freiheitlichere Form der Umsetzung wünschten. Diese Konstellation mündete in einen chaotischen, grausamen Bürgerkrieg, der 1918 noch während des Ersten Weltkriegs begann. Die Bolschewiki und ihre sozialistische Rote Armee kämpften gegen Konservative, Demokraten, gemäßigte Sozialisten, Nationalisten, Menschewiki und die sogenannte Weiße Armee des zarentreuen Militärs sowie verschiedener Freiwilligenverbände. Auch ausländische Truppen der Siegermächte des Ersten Weltkriegs griffen aufseiten der Weißen Armee ein, um die Interessen ihrer eigenen Länder zu unterstützen.

Fast unmerklich wuchs sich zudem ein Grenzkonflikt mit Polen zu einem weiteren Krieg aus, den die Rote Armee verlor. Im Vertrag von Riga wurde Russland 1921 zu Reparationszahlungen verpflichtet und musste beträchtliche Gebiete an Polen abtreten. Schließlich jedoch beendete die Rote Armee mit Siegen in mehreren Etappen im Jahr 1921 den Bürgerkrieg. Außer der RSFSR bestanden inzwischen weitere souveräne Sowjetrepubliken. Die Frage nach einer engeren, formal anerkannten, bindenden Vereinigung dieser Republiken wurde noch von Lenin gelöst und durchgesetzt durch die Gründung der Union der Sozialistischen Sowjetrepubliken (russisch kurz SSSR, dt. UdSSR) am 30. Dezember 1922. Doch fast zeitgleich zwangen ihn mehrere Schlaganfälle und eine massive Verschlechterung seines Gesundheitszustands, sich aus der politischen Arbeit zurückzuziehen. Er starb am 21. Januar 1924. In den Machtkämpfen um seine Nachfolge, die noch zu seinen Lebzeiten begannen, setzte sich Stalin durch.

Doch zurück zu meiner Großmutter: Darja war immer noch in Stockholm. Seit ihrer Ankunft mit dem kleinen Leonid im Frühsommer 1917 hatte sie sich um eine Einreisegenehmigung nach Russland bemüht. Vermutlich hatte sie nicht viel mehr als eine Ahnung davon, welche heftigen innerparteilichen Konflikte dort ausgetragen wurden und in was für Auseinandersetzungen die Regierung zu jenem Zeitpunkt verstrickt war. Auf ihre wiederholten Anfragen erhielt sie nur kommentarlose Ablehnungsbescheide. Sie lebte nun in einem Zustand größter Ungewissheit, den sie mit Schlemmer teilte. Ihre Tochter Ljolja – meine Mutter – war immer noch in Deutschland, und mit Schlemmer war verabredet, dass er sie zu Darja bringen würde, sobald ein Abreisetermin nach Russland feststünde. Erst im Mai 1918 war es so weit. Da Deutschland immer noch im Krieg und Schlemmer weiter dienstverpflichtet war, konnte er allerdings zu seinem größten Bedauern Ljolja nur in Deutschland bis zum Schiff begleiten, das sie nach Trelleborg brachte, wo Darja sie erwartete. Gemeinsam mit ihren beiden Kindern reiste sie von dort über Kronstadt nach Petrograd (St. Petersburg).

Abschiede können Ereignisse voller Wehmut und unbestimmter Ängste sein, selbst wenn ein Wiedersehen zu erwarten ist. Bei diesem Abschied jedoch fuhr Darja ins Ungewisse. In welchem Zustand würde sie Russland vorfinden, und wie mochte es ihren Verwandten gehen? Wo würde sie mit den Kindern wohnen und könnte sie irgendwo Arbeit finden? Wäre es möglich, an Schlemmer oder andere deutsche Freunde zu schreiben oder selbst Briefe von dort zu bekommen? Könnte sie jemals nach Deutschland zurückkehren?

Für Schlemmer ergaben sich ähnliche Fragen: Darja war auf unbestimmte Zeit und Zukunft aus seinem Leben entschwunden in ein Land im Umbruch, dessen weiteres Schicksal noch umkämpft und verworren war. Dorthin hatte sie auch die beiden Kinder mitgenommen, die er liebte und von denen eines sein gerade zweijähriger Sohn war. Deutschland befand sich noch im Ersten Weltkrieg, aber auch hier standen große Veränderungen bevor, deren Anfänge Schlemmer gegen Ende 1918 in Berlin miterlebte. Die Kriegsbegeisterung war längst geschwunden. Fast in jeder Familie waren Gefallene zu beklagen, und Tausende Soldaten kehrten als Invaliden nach Hause zurück. Die Versorgung der Bevölkerung war nicht gewährleistet, der »Steckrübenwinter« 1916/17 hatte die Menschen ausgezehrt, und die schon seit Langem übertünchten Probleme sozialer Ungerechtigkeit in einem unbeweglichen autoritären Obrigkeitsstaat bildeten ein Potenzial für Zersetzung und Gewalt. Schon Anfang Oktober 1918 hatte die Heeresleitung ein Waffenstillstandsangebot an den amerikanischen Präsidenten Wilson gerichtet. Als die deutsche Marine Ende Oktober mit ihrer Flotte noch einmal einen Vorstoß wagen sollte, um im letzten Moment eine bessere Verhandlungsposition zu erzwingen, kam es in Kiel zum Matrosenaufstand, der sofort in München und Berlin aufgegriffen wurde und im ganzen Reich zu revolutionären Massenbewegungen, zur Bildung von Arbeiter- und Soldatenräten und zum Generalstreik führte. Am 9. November 1918 rief der Sozialdemokrat Philipp Scheidemann in Berlin von einem Balkon des Reichstagsgebäudes eigenmächtig die Republik aus, während der Spartakist Karl Liebknecht vor dem Berliner Schloss eine

»freie sozialistische Republik« ankündigte. Am selben Tag erklärte Kaiser Wilhelm II. seinen Thronverzicht, und ein »Rat der Volksbeauftragten«, geführt vom Sozialdemokraten Friedrich Ebert, bildete die Revolutionsregierung. Am 11. November wurde der Waffenstillstand mit den Siegermächten geschlossen. Die Lage in Deutschland war zu dieser Zeit der in Russland nach der Februarrevolution 1917 nicht unähnlich. Die neue Regierung unter Friedrich Ebert strebte eine Selbstauflösung der Räte, die Wahl einer Nationalversammlung und eine parlamentarische Demokratie an – der Spartakusbund dagegen eine Räterepublik. Anfang Januar 1919 kam es in Berlin zum bewaffneten Spartakusaufstand, der in wenigen Tagen niedergeschlagen wurde, in der Folge aber auch zu den Morden an Rosa Luxemburg und Karl Liebknecht am 15. Januar 1919 führte. Nach den Wahlen zur Nationalversammlung und der Unterzeichnung der Friedensverträge von Versailles trat am 14. August 1919 die Weimarer Verfassung in Kraft. Reichspräsident wurde Friedrich Ebert.

III.

1919–1924

Schlemmer war seit November 1918 wieder Zivilist und konnte nun uneingeschränkt zu seiner Arbeit zurückkehren. Schon sehr viel früher, 1913, hatte er gewisses Aufsehen erregt, indem er mit seinem Bruder Wilhelm den Neuen Kunstsalon am Neckartor in Stuttgart eröffnet hatte, wo sie zeitgenössische Kunst ausstellten – so etwa Werke von Kandinsky, Marc, Klee, Kokoschka und Braque. Damit stieß er auf viel Unverständnis und Kritik und beendete diese Unternehmung schon 1914. Als Meisterschüler von Adolf Hölzel an der Stuttgarter Akademie hatte er noch vor Kriegsbeginn 1914 den Auftrag erhalten, gemeinsam mit Willi Baumeister und Hermann Stenner vier Wandbilder für die Werkbundausstellung in Köln auszuführen, nach der Kölner Legende *Wunder der Weißen Nonnen* – ein Werk, das sowohl Ernst Ludwig Kirchner als auch Walter Gropius besonders auffiel.

Als Schlemmer im November 1918 nach Stuttgart an die Akademie zurückkehrte, fand er eine völlig veränderte Situation vor. Die Ideen und Überlegungen, die, ausgelöst durch die Revolution, zu heißen Diskussionen geführt hatten, wirkten weiter. Besonders die Studenten sahen die Notwendigkeit, sich zu organisieren, Räte für verschiedene Aufgabengebiete zu bilden und Reformen herbeizuführen. In einem Brief vom 22. November an Otto Meyer-Amden schildert Schlemmer halb ironisch, halb befremdet diese Erlebnisse und auch, dass er als Delegierter in den »Rat geistiger Arbeiter« gewählt worden sei, was er notgedrungen vorübergehend angenommen habe. Hier wurden sowohl politische als auch künstlerische Themen kontrovers diskutiert. Unter anderem ging es um die Nachfolge Hölzels, wobei Schlemmer und einige seiner Freunde entschieden für Paul Klee eintraten. In Berlin hatte sich, beginnend mit Dezember 1918, die »Novembergruppe« gebildet, in der sich fortschrittlich eingestellte Architekten, Maler, Bildhauer, Schriftsteller, Musiker und Regisseure mit dem Ziel zusammenfanden, Einfluss auf alle Entscheidungen zu gewinnen, die die Künste betrafen, sowie mit dem Anliegen einer Demokratisierung der Kunst einerseits und der Förderung avantgardistischer Stilrichtungen andererseits. Ihr gehörten viele Künstler aus dem »Sturm«-Kreis um Herwarth Walden an, aber schon früh beteiligten sich auch italienische Futuristen und Dadaisten. Sie organisierten eigene Ausstellungen, und die alljährlich stattfindende Große Berliner Kunstausstellung zeigte auch immer einen eigenen Raum der »Novembergruppe«. Eine gewisse Ähnlichkeit mit den russischen »Peredwischniki«, den »Wanderern«, ist durchaus gegeben. Diese »Genossenschaft für Wanderausstellungen«, wie sie vollständig hieß, wurde allerdings schon 1870 gegründet und kam aus einer Gruppe von Malern, die 1863 die Akademie in St. Petersburg aus Protest gegen die erstarrte Kunstauffassung verlassen hatten, und die – ebenfalls mit der Absicht, die Kunst dem Volk nahe zu bringen – im ganzen Land Ausstellungen zeigten. Dem Realismus verpflichtet – wenngleich in sehr unterschiedlicher, individueller Ausprägung –, schufen sie Werke der Landschafts-, Historien- und Genremalerei, und ihr gehörten ab 1878 Repin und zeitweise auch Lewitan an. Diese Vereinigung bestand bis 1923.

Nach dem Beispiel der »Novembergruppe« in Berlin bildeten sich auch in anderen deutschen Städten Gruppierungen mit ähnlicher Zielsetzung. Schlemmer gründete 1919 mit Freunden die »Üecht«-Gruppe, die als erste Ausstellung 1919 gemeinsam mit Künstlern der Sturm-Galerie die Herbstschau Neuer Kunst im Württembergischen Kunstverein Stuttgart präsentierte. Dort erhielt Paul Klee einen eigenen Raum, und Schlemmer zeigte das Gemälde *Plan mit Figuren* mit eincollagierter Metallfolie und Reliefplastiken. Außerdem waren Werke von Boccioni, Braque, Kandinsky, Marc, Schwitters und anderen ausgestellt. Wegen seiner Aktivitäten in der Akademie, mit seiner eigenen Galerie, durch die »Üecht«-Gruppe, wegen seines Eintretens für Paul Klee und seiner eigenen Werke war Schlemmer immer wieder zum Gegenstand höchst widersprüchlicher Presseberichte geworden, bis er im Oktober 1919 schließlich wegen angeblicher Verbindungen zum Spartakusbund ebenso wie Helena Tutein für kurze Zeit inhaftiert wurde. Sein Werk jedoch setzte sich weiter durch.

Wie die übrigen Künstler seiner Zeit empfand Schlemmer die Notwendigkeit, das veränderte Weltbild, die neuen Lebensbedingungen für die Menschen und deren Selbstverständnis auch auf neue Weise darzustellen. Ihn beschäftigte die Idee eines entindividualisierten allgemeingültigen Menschenbildes. Die Bezüge zwischen den Figuren sollten sich aus der Anordnung zueinander sowie aus der Gesamtkomposition ergeben. Die bildnerischen Möglichkeiten dafür fand er in dem Bereich zwischen Abstraktion und Gegenständlichkeit, Neutralität und Individualität, Maske und Gesicht, zwischen Sachlichkeit und Emotion, Raum und Interieur. Im Januar 1920 zeigte die Sturm-Galerie in Berlin Arbeiten von Walter Dexel und Willi Baumeister sowie Gemälde, Plastiken und Zeichnungen Schlemmers.

Eine weitere Ausstellung mit Werken von Schlemmer, Willi Baumeister und Kurt Schwitters in der Dresdener Galerie Arnold wurde vom Folkwang Museum in Hagen übernommen. Im Frühjahr 1920 verließ Schlemmer die Akademie in Stuttgart und lebte in Cannstatt.

Ende 1919 hatte Walter Gropius das Staatliche Bauhaus in Weimar gegründet. Im Juli 1920 lud er Schlemmer zu einem Besuch ein und bot ihm eine Meisterstelle in der neuen Kunstschule an. Nach anfänglichem Zögern unterschrieb Schlemmer im Dezember 1920 einen Vertrag mit dreijähriger Laufzeit.

Darja war seit dem Jahr 1915 aus Schlemmers Leben verschwunden. Als sie ihrer Schwangerschaft wegen Deutschland verlassen hatte, war sie fünfundzwanzig Jahre alt gewesen; drei Jahre später reiste sie aus Stockholm nach Sowjetrussland ab, und seit dieser Zeit wusste Schlemmer nichts mehr über ihr weiteres Schicksal: weder ob sie die Absicht hatte, wieder nach Deutschland zurückzukommen, noch ob sie überhaupt ausreisen dürfte – und ebenso wenig, ob sie vielleicht in ihrer Heimat einen neuen Partner gefunden hatte. Schlemmer selbst lebte seit fünf Jahren allein. Seinem Freund Otto Meyer-Amden kündigte er in einem Brief vom 9. September 1920 eine bevorstehende Ehe an, und im Oktober 1920 heiratete er Helena Tutein, genannt Tut. 1921 zogen sie nach Weimar um und bewohnten dort ein Haus mit eigenem Atelier.

Im Bauhaus übernahm Schlemmer die künstlerische Leitung der Wandbildmalerei und im Lauf der Zeit auch der Stein- und Holzbildhauerei, unterrichtete Aktzeichnen, gestaltete Buchumschläge und entwarf das Bauhaus-Signet. Seine frühere Arbeit an den Figurinen des *Triadischen Balletts* setzte er mithilfe seines Bruders Carl fort, der Werkmeister der Wandmalerei am Bauhaus war, und ergänzte sie um die Erfahrungen, die er in der Metallwerkstatt machte. Für Lothar Schreyer, der das Bauhaus 1923 verließ, übernahm Schlemmer zudem inoffiziell die Bühnenwerkstatt. Diese Tätigkeiten unterbrach Schlemmer 1921, um eine schon vor seiner Berufung an das Bauhaus vereinbarte Zusammenarbeit als Bühnen- und Kostümbildner für zwei von Hindemith vertonte Kurzopern mit gemeinsamer Premiere im Württembergischen Landestheater in Stuttgart zur Aufführung zu bringen, *Das Nusch-Nuschi* von Franz Blei und *Mörder, Hoffnung der Frauen* von Oskar Kokoschka. Die Uraufführung war erfolgreich, aber schon die zweite Aufführung wurde von Pfiffen und Pfui-Rufen begleitet, nachdem die Presse die Stücke verrissen und *Das Nusch-Nuschi* als anstößig bezeichnet hatte, woraufhin beide vom Spielplan genommen wurden. Für alle, die an den Stücken gearbeitet hatten, war das ein schmerzlicher Rückschlag – aber Schlemmer, der sonst eher dazu neigte, die eigene Arbeit skeptischer zu sehen als die meisten anderen, fühlte sich davon nicht betroffen. Gerade seine Leistung war bei der Uraufführung lautstark gewürdigt worden, und in einem Brief an Meyer-Amden vom 14. Juni 1921 erwähnt er, dass die Inszenierung ihm Freunde geworben habe, die zu seiner Malerei keinen Zugang fanden, und einige Sätze später: »Ich muß sagen, daß ich Gefallen fand am Theater und mir meine Talente dafür bestätigt wurden.« Dies war die erste Bühnenarbeit Schlemmers, der viele weitere folgten.

Die Darstellung von Figurinen und Szenenbildern erfordert eine völlig andere Auffassung und Umsetzung als freie Malerei – trotzdem fällt dem Betrachter der in großer Anzahl erhaltenen Zeichnungen, Skizzen und Entwürfe auf, wie exakt und akribisch genau in jedem Detail, wie präzise und sorgfältig sie in ihrer poetischen Fantasie realisiert wurden. Sie sind meist mit Bleistift und Aquarellfarben auf Papier ausgeführt, im Fall der beiden Kurzopern auch mit Gold- oder Silberbronze. Diese Genauigkeit und Sorgfalt, für die es keine Nebensächlichkeiten gibt, verwendete Schlemmer auf jeden Bestandteil der Aufführung. Programmzettel, Figurinenpläne, gezeichnete choreografische Abläufe, Plakate – besonders schön ein Regieheft für Hermann Scherchen zum *Triadischen Ballett,* jeder Buchstabe, jede Ziffer entsprechen der durchgängig künstlerischen Ästhetik eines Ganzen. Die letzte dieser Arbeiten Schlemmers war die Gestaltung zweier Schauplätze und sämtlicher Kostüme zu Schönbergs musikalischem Drama *Die glückliche Hand* in der Kroll-Oper Berlin im Juni 1930, die sich gerade in diesen Jahren vom ehemaligen Vergnügungsetablissement und Biergarten im Sommer über wechselnde Nutzungen zum ernstzunehmenden Zentrum der Musikavantgarde zu entwickeln begann.

Im Jahr 1923 gab das Bauhaus unter großem Aufwand von Mitte August bis Ende September zum ersten Mal mit einer Ausstellung umfassenden Einblick in sämtliche Bereiche seiner Tätigkeit. Alle Werkstätten waren beteiligt, bestimmte Räume wurden gemeinschaftlich ausgestattet, von Möbeln über Textilien bis zum Porzellan, und als Gesamtkunstwerk präsentiert. Wandgemälde der Bauhausmeister waren zu besichtigen, und auch ihre freien Arbeiten wurden ausgestellt. Schlemmer hatte die große Wand in der Eingangshalle des Werkstattgebäudes gestaltet, zeigte seine Gemälde *Tänzer* und *Tänzerin (Die Geste)* sowie weitere Arbeiten. Es gab Konzerte, Vorträge, Theaterarbeiten und eine Ausstellung internationaler Architektur. Dieser Veranstaltungsmarathon zog viele Besucher aus ganz Deutschland und dem Ausland an und verschaffte dem Bauhaus hohe Anerkennung. Andererseits machten auch dem Bauhaus die vielen Krisen der jungen Weimarer Republik zu schaffen. Zwar kam es in dem neu konstituierten Staat, anders als in Russland, nicht zu einem großflächigen und lange anhaltenden Bürgerkrieg, aber die politischen Meinungen prallten hart aufeinander, und besonders die radikalen Gruppierungen von rechts und links lieferten sich blutige Auseinandersetzungen auf den Straßen. Mit der Ablösung der sozialdemokratischen Regierung Thüringens durch eine völkisch-nationalsozialistische im Februar 1924 verlor das Bauhaus seine politische und finanzielle Grundlage. Da es fortschrittlich und internationalistisch in seiner künstlerischen und pädagogischen Ausrichtung und demokratisch in seiner Struktur war, stand es unter dem Generalverdacht einer aufrührerischen Grundhaltung, und im Herbst 1924 wurden die Verträge von Gropius und aller Bauhausmeister trotz heftiger Proteste aus dem In- und Ausland mit Wirkung zum 31. März 1925 gekündigt. Das Nachfolgeinstitut in Weimar wurde als »Hochschule für Handwerk und Baukunst« von einigen ehemaligen Studierenden weitergeführt, die Mehrzahl der Lehrer und Studierenden aber folgte Gropius ins anhaltinische Dessau; so auch Schlemmer.

Darja lebte in der Zwischenzeit in einer ganz anderen Welt. 1918 war sie in Petrograd in die von den Bolschewiki unter Führung Lenins gegründete Kommunistische Partei eingetreten und hatte in deren Auftrag als Stadtführerin für ausländische Gäste, als Dolmetscherin und in sozialen Bereichen gearbeitet. Als sie im Mai 1918 mit ihren Kindern nach Russland zurückkehrte, waren zwar die Machtkämpfe zugunsten der Bolschewiki entschieden, aber die gewaltsam herbeigeführte Lösung hinterließ ein zerrissenes Land. Das russische Volk wünschte und hoffte in der gänzlich neuen Situation nach der Abdankung des Zaren auf eine Regierung, die sich um ein freiheitliches und menschenwürdiges Leben für alle bemühte. Die damalige Situation jedoch, in der sich eine radikale Gruppierung mit Gewalt durchgesetzt hatte, ohne einen Volksentscheid durch Wahlen zuzulassen, war für die Mehrheit der Bevölkerung nicht hinnehmbar. So musste auch Darja die Zeit der schrecklichen Bürgerkriege und des russisch-polnischen Krieges miterleben, deren Schrecken auch darin bestand, dass es keine einfach unterscheidbaren Gegner gab. Allein an Darjas eigener Biografie, ihrem Geburtsort, der 1890 zu Russland gehörte, vorher aber zu Polen, ist abzulesen, wie unscharf die Zugehörigkeit zur einen oder zur anderen Kriegspartei war. Selbst Angehörige homogener Bevölkerungsgruppen hatten sich unterschiedlichen Seiten angeschlossen, ganz zu schweigen von jenen Familien, in denen sich unterschiedliche Herkünfte vermischt hatten. Von den im Krieg eingesetzten Kosaken kämpften einige im Lager der bolschewistischen Roten, andere auf der Seite der zaristischen Weißen, während die überwiegend jüdische Bevölkerung, ob russisch oder polnisch, eine Gruppe für sich bildete. Die Situation war so komplex und verworren, dass viele Menschen die Orientierung verloren und mehrfach die Seiten wechselten. Viele Ereignisse erschienen nur noch willkürlich und absurd.

Als ich Jahre später meine Großmutter Darja nach diesen Kriegen fragte, antwortete sie ausweichend. Sie war eine hochemotionale, leidenschaftliche Frau, aber sie liebte es nicht, über ihre Gefühle zu sprechen. Sie sagte mir, um diese Ereignisse andeutungsweise nachempfinden zu wollen, müsste ich nur ein einziges Buch lesen: *Die Reiterarmee* von Isaak Babel (nach dem befehlshabenden General auch übersetzt als *Budjonnys Reiterarmee*), eine Sammlung von je nach Zusammenstellung etwa dreißig Erzählungen, in denen Babel die

Essenz seiner Eindrücke als Rotarmist im Polenfeldzug in poetischer Weise herausgefiltert und dargestellt hat, sodass sie trotz der unvorstellbaren Grausamkeit des Geschehens eine Verdichtung erfahren haben, die sie als eigenständiges Kunstwerk erlebbar und unvergänglich machen. Wie in den Gemälden von Chagall leben hier die Elemente chassidischer Legenden auf, die Sprache erinnert an Gedichte von Trakl, ebenso wie Farbigkeit und Musikalität der Darstellung. Da die Geschichten aus wechselnden Perspektiven erzählt werden, kommen auch die Soldaten selbst zu Wort, in umgangssprachlicher Rede und in ihrer eigenwilligen Logik und Denkweise.

Als ich das Buch las, erinnerte es mich indirekt – durch die Gemeinsamkeit einer hochpoetischen Sprache, der Dichte der Bilder und der Dynamik der Handlung – an das altrussische *Igorlied*. Die meisten deutschen Leser kennen es durch die Übersetzung von Rilke. Dieser war, wie viele seiner Zeitgenossen, von Russland fasziniert, glaubte er doch dort die Wärme echten Gefühls und wahre Menschlichkeit zu finden, die ihm in westlichen Ländern zu fehlen schienen. Rilke unternahm in den Jahren 1899 und 1900 zwei Russlandreisen mit Lou Andreas-Salomé, lernte intensiv die russische Sprache, vertiefte sich in die russische Kulturgeschichte und schrieb zu Übungszwecken Gedichte auf Russisch. Die Schönheit des *Igorliedes*, dieses kurzen Prosaepos über den Feldzug eines russischen Fürsten gegen Steppennomaden, forderte ihn zur Übersetzung heraus. Dafür legte er sowohl den altrussischen Text zugrunde als auch die Übertragung ins Neurussische und zog außerdem frühere Übersetzungen hinzu. So entstand eine kongeniale Übertragung in rhythmisierter Prosa, die durch den Bekanntheitsgrad ihres Übersetzers endlich ein breiteres westliches Publikum erreichte. Auf seiner zweiten Russlandreise traf

Rilke im Jahr 1900 Leonid Pasternak, den Vater von Boris Pasternak, einen Maler, der gerade an Illustrationen zu Lew Tolstois Roman *Auferstehung* arbeitete und Rilke mit Tolstoi bekanntmachte. Bei einem zufälligen zweiten Treffen mit Leonid Pasternak sah Rilke dessen Sohn Boris, damals noch ein Kind, der ihn später zutiefst verehrte und Briefe mit ihm wechselte.

Da Schlemmer gern und viel las und sich für die russische Kultur interessierte – auch gelegentlich Rilke zitierte –, ist es nicht ausgeschlossen, dass er dieses kleine, besondere Werk kannte.

Nun aber kehrte das echte russische Leben in Form von Darja und ihren Kindern wieder in seine Welt zurück, nach einer Abwesenheit von sechs Jahren, in deren Verlauf keine Verständigung möglich gewesen war. Darjas Reise aus Norwegen nach Sowjetrussland 1917/18 war lediglich als längerer Besuch geplant gewesen, aber die Ereignisse hatten sie in Petrograd festgehalten, bis sie endlich im Jahr 1924 die Möglichkeit bekam, mit ihren Kindern wieder nach Deutschland zu reisen. Schlemmer war inzwischen mit Helena Tutein verheiratet, hatte mit ihr zwei Töchter, die 1921 und 1922 geboren worden waren, und seine Frau erwartete wieder ein Kind – einen Sohn, wie sich herausstellte, Tilman, der 1925 zur Welt kam. Darjas und Schlemmers Sohn Ljonja war zu der Zeit acht Jahre alt, ihre Tochter Ljolja – meine Mutter – vierzehn Jahre. Darja selbst war vierunddreißig Jahre alt.

Sie war unmittelbar nach ihrer Rückkehr zunächst wieder nach Berlin gegangen, wo alte Freunde und Bekannte sie in wechselnden möblierten Zimmern unterbrachten. Von dort aus nahm sie den Kontakt zu Schlemmer wieder auf, und er war von nun an mit eingebunden in die Belange und Sorgen dieser Familie. Er schrieb häufig an

Darja, aber jetzt ging es in seinen Briefen – außer um seine Arbeit – meistens um die Kinder, deren Entwicklung und Ausbildung ihm am Herzen lagen, aber auch um die finanziellen Probleme, die die Versorgung einer zweiten Familie mit sich brachte, besonders da die Kinder in kostenpflichtigen Internaten untergebracht werden mussten.

Von 1925 an arbeitete Darja in der Handelsvertretung der UdSSR als Sekretärin und Dolmetscherin.

Die Gründung des Bauhauses hatte Darja nicht miterlebt, dafür aber die Entstehung und Arbeit der unter ihrem abgekürzten Namen bekannten Kunsthochschule »Wchutemas« (später »Wchutein«) in Moskau ab 1920. Das Programm dieser »Höheren Künstlerisch-Technischen Werkstätten« (ab 1927 »Höheres Künstlerisch-Technisches Institut«) war durchaus dem des Bauhauses vergleichbar, möglicherweise weil inzwischen ein reger geistiger Austausch zwischen Deutschland und Russland stattfand. Die Schule vertrat die Ideen der Avantgarde, und auch in Russland lag der Anspruch darin, die Künste und das Handwerk miteinander zu verbinden, später auch die Herstellung von Industrieprodukten. Neben den Fachbereichen Malerei, Bildhauerei und Architektur gab es Werkstätten für Druckgewerbe, Metall- und Holzverarbeitung, Bühnenbild, Textil und Keramik. Ab 1923 wurde auch hier ein gemeinsamer Grundkurs für Studenten aller Fachrichtungen eingeführt. Nahezu alle bedeutenden russischen Avantgardekünstler haben hier zeitweise gelehrt, so zum Beispiel Naum Gabo, Wassily Kandinsky, El Lissitzky, Ljubow Popowa, Alexander Rodtschenko, Warwara Stepanowa, Wladimir Tatlin und Alexander Wesnin. Im Jahr 1930 führte die zunehmende Forderung nach einer Kunst in der Programmatik des sozialistischen Realismus zur Auflösung der Kunsthochschule. Der Geist der Wchutemas aber überlebte – wie auch der des Bauhauses – das offizielle Bestehen der Institution, und seine Schüler verbreiteten das Erbe der Schule im ganzen Land sowie international, nachdem bereits vorher in mehreren größeren Städten Wchutemas-Institutionen gegründet worden waren.

IV.

1925–1939

In Deutschland dagegen war nun, gerade zum Zeitpunkt von Darjas Rückkehr, das weitere Schicksal des Bauhauses in Weimar ungeklärt. Selbst als der Umzug nach Dessau bereits beschlossen war, zögerte Schlemmer noch – unterschrieb aber letzten Endes den Vertrag, als alternative Überlegungen nicht die gewünschten Ergebnisse brachten. 1925 ging er mit seiner Frau Tut und den drei gemeinsamen Kindern nach Dessau und bewohnte dort seit 1926 eines der Meisterhäuser. Im Bauhaus leitete er die Bühne und unterrichtete Bühnentheorie und Aktzeichnen. Zugunsten der Bühne ließ er die eigene Malerei für fast drei Jahre ruhen.

Es war eine Zeit, in der dem Tanz hohe Beachtung geschenkt wurde. Ab etwa 1900 experimentierten Tänzerinnen, Tänzer und Choreografen mit neuen Tanzformen unter Ablehnung oder Einbeziehung des klassischen Balletts, so zum Beispiel Mary Wigman, Martha Graham, Gret Palucca, Rudolf von Laban und Isadora Duncan (die in letzter Ehe mit dem um rund die Hälfte jüngeren russischen Lyriker Sergei Jessenin verheiratet war), und es kam zu Mischformen zwischen Ballett, Pantomime und der bildenden Kunst. Großes Aufsehen erregten die Ballettinszenierungen von Djagilew und seinen »Ballets Russes« unter der künstlerischen Leitung von Leon Bakst, die von Gastspielen in großen Weltstädten nach der Oktoberrevolution nicht mehr nach Russland zurückkehrten, sondern in Westeuropa blieben.

Djagilew arbeitete besonders gern mit Strawinsky zusammen, Bühnenbildner waren außer Bakst gelegentlich Larionow, Gontscharowa und Chagall, aber auch Matisse, Braque, Cocteau, Picasso und andere; die am meisten beachteten Tänzer waren Anna Pawlowa und Wazlaw Nijinsky.

Chagall hatte auch schon in Russland für das Theater gearbeitet und sich dort besonders im Staatlichen Jüdischen Kammertheater (russisch abgekürzt GOSET) in Moskau engagiert. Den Bühnenbildern, die zunächst sehr flächig aufgefasst waren, verlieh er durch eine kubistische Darstellung perspektivische Wirkung. Er bemalte nicht nur jedes einzelne Kostüm wie auch den Vorhang, sondern schuf in nicht zu zügelnder Begeisterung Panneaus für den gesamten Zuschauerraum, Decken und Wände, mit Motiven, in denen er inhaltlich und stilistisch russische, jüdische und westliche Elemente vereinte. War der Vorhang geöffnet, gab es keinen Unterschied mehr zwischen Zuschauerraum und Bühne, sodass der Besucher sich mitten in der geschlossenen Welt Chagalls befand.

Schlemmer arbeitete weiter an seiner Form des Tanzes. Er war selbst tänzerisch begabt und sprach gern davon, dass er ein gewisses »theatralisches, karnevalistisches« Temperament von seinem Vater geerbt habe. Im Jahr 1912 hatte er das Tänzerpaar Elsa Hötzel und Albert Burger kennengelernt, die, obwohl klassisch ausgebildete Balletttänzer, an neuartigen Tanzformen interessiert waren und mit ihren Ideen bei Schlemmer höchste Aufnahmebereitschaft fanden. Schlemmer wiederum erkannte darin eine Möglichkeit, zwei seiner wesentlichen Überlegungen zur Kunst miteinander zu verbinden: die Suche nach der Beziehung zwischen Figur und Raum und seine Konzeption vom Gesamtkunstwerk. Während der folgenden

Jahre beschäftigte er sich weiter mit dieser Thematik und legte seine Gedanken in Notizen, Tagebüchern und dem Skizzenbuch *Tanzfigurinen* nieder. Im Jahr 1916 hatte er bereits eine erste Gelegenheit gehabt, diese frühen Ansätze anlässlich einer Wohltätigkeitsveranstaltung mit einer kurzen Balletteinlage zur Aufführung zu bringen, und danach arbeitete er weiter daran – am Bühnenbild, an der Choreografie, an der Suche nach den richtigen Kompositionen und vor allem, mithilfe seines Bruders Carl, an der Realisierung der Kostüme. Diese Kostüme waren aus ungewöhnlichen Materialien, darunter auch Holz und Metall. Sie waren schwer, unbequem und behinderten den tänzerischen Ausdruck. Die Aufführenden sollten nicht nur ihre Identität verlieren, sondern auch ihre Gestalt, die völlig im Kostüm verschwand, ebenso ihren eigenen Bewegungsstil. Die angestrebte symbiotische Verbindung von Tänzer und Tanz betrachtete Schlemmer dann als gelungen, wenn die Bewegungen so ausgeführt wurden, wie das Kostüm es forderte. Zusammen mit der von ihm präzise in Zeichnungen festgelegten Schrittabfolge im Raum und dem Bühnenbild kam er seiner Vorstellung eines Gesamtkunstwerks sehr nahe, nämlich die aus der Zweidimensionalität der Gemälde gelöste Figur im Raum als sich räumlich bewegende Skulptur darzustellen. Einbezogen in die Gesamtwirkung waren zudem die Musik und die fantasievollen Formen und Farben der Kostüme, deren bloße Namensnennung schon ihre Gestalt beschreibt: *Spirale, Goldkugel, Drahtfigur, Türke, Taucher, Der Abstrakte, Scheibentänzer* und ebenso die kompositorisch-farbliche Durchgestaltung der Bühne für die drei Akte der Tanzreihen, deren erste gelb (»heiter-burlesk«), die zweite rosa (»festlich-getragen«) und die dritte von schwarzer (»mystisch-phantastischer«) Grundfarbe waren.

Das Ballett wurde am 30. September 1922 im Württembergischen Landestheater in Stuttgart mit Erfolg uraufgeführt. Schlemmer selbst trat als zweiter Tänzer unter dem Pseudonym Walter Schoppe darin auf. Die Aufführung einer veränderten Version des *Triadischen Balletts* im Deutschen Nationaltheater in Weimar sahen auch viele internationale Besucher, da sie im Rahmen der großen Bauhausaustellung von 1923 stattfand. Diese Aufführung, die auch Schlemmer selbst gelungener erschien als die Stuttgarter Inszenierung, wurde stürmisch gefeiert und machte seine choreografische, bühnen- und kostümbildnerische Arbeit weithin bekannt. Das Ballett wurde, außer in Stuttgart und Weimar, in Dresden, Donaueschingen, Frankfurt, Berlin und anderen Städten mit wechselndem Erfolg gezeigt und zum Internationalen Tanzwettbewerb in Paris 1932 eingeladen, wo es zu Schlemmers Lebzeiten letztmalig aufgeführt wurde. Diese Gastspiele waren jedoch sehr arbeitsintensiv und kostspielig. Alle Materialien mussten außerordentlich aufwendig verpackt und transportiert werden, besonders die Kostüme waren sehr empfindlich und wurden wiederholt sorgfältig restauriert, wenn nicht gar ganz ersetzt. Dies alles brachte Schlemmer in große wirtschaftliche Bedrängnis, zumal seine Arbeit nicht subventioniert wurde, sondern sich durch die nicht allzu üppigen Einnahmen finanzieren musste, sodass er sich gezwungen sah, Kostüme des Balletts zu verleihen. Nur diesem Umstand ist es zu verdanken, dass neun Kostüme, die 1938 nach New York verliehen waren, unbeschädigt erhalten geblieben sind.

Das Tanztheater am Bauhaus wurde fortgeführt. Seine Überlegungen zum Tanz hatten Schlemmer jedoch inzwischen zu neuen Ansätzen geführt. Er löste die Tänzer wieder aus der Starre der Kostüme: Sie trugen nun meist einfarbige Trikots, deren einzelne Körperpartien teilweise durch Wattierungen hervorgehoben wurden, die aber im Zusammenwirken mit metallfarbenen Gesichtsmasken erneut zu einer überpersönlicher Wirkung der Ausführung beitrugen. Dazu kam eine veränderte Thematik: In äußerster Reduzierung und Konzentration wurden Elemente der Bewegung selbst Gegenstand der Darstellung. In anderen Tänzen traten die Tänzer in Interaktion mit dem sie umgebenden Bühnenraum, mit bestimmten Formelementen oder Materialien, in die sowohl die Farben als auch das Licht auf der Bühne einbezogen waren. Auch dieser Arbeit Schlemmers lagen exakte Aufzeichnungen der Schrittfolgen der jeweiligen Tänze zugrunde. Zum Abschluss seiner Arbeit an diesen Bauhaustänzen machte Schlemmer 1929 mit seinen Schülern und Gasttänzern eine überaus erfolgreiche Tournee durch Berlin, Breslau, Frankfurt, Stuttgart und Basel.

Im Jahr 1928 hatte Gropius das Bauhaus verlassen, nachdem es schon im letzten Weimarer Jahr immer wieder Diskussionen über künstlerische Fragen gegeben hatte und linksgerichtete Studenten eine deutlichere Politisierung gefordert hatten. Sein Nachfolger wurde der Architekt Hannes Meyer, der die bisherige Arbeit des Bauhauses als »formalistisch« kritisierte. Schlemmer, der die Vermischung von Kunst und Politik ablehnte, empfand die Situation in Dessau als unbefriedigend und folgte 1929 dem Ruf an die Akademie in Breslau, wo er auch wieder zu malen begann.

Tatsächlich waren die Jahre von 1929 bis 1932 an der Breslauer Kunstakademie für Schlemmer sehr erfolgreich. Seine Werke waren in einer Vielzahl von Ausstellungen vertreten, in Paris, Berlin, New York, Stuttgart, Frankfurt, Breslau, Wien, der XVII. Biennale in Venedig und, gemeinsam mit Picasso, in der Kestnergesellschaft Hannover. Eine Einzelausstellung seiner Arbeiten in der Galerie Flechtheim in Berlin ging anschließend nach Krefeld und dann an das Kunsthaus in Zürich. Er gewann den Wettbewerb für Wandgemälde im Folkwang Museum, übernahm die Ausstattung für Kurzopern im Breslauer Stadttheater, gestaltete Bühnenbilder für die Kroll-Oper in Berlin und schuf Gemälde sowie eine große Anzahl von Aquarellen. Bedingt durch die Weltwirtschaftskrise geriet die Akademie jedoch in finanzielle Schwierigkeiten und wurde im Frühjahr 1932 geschlossen. Schlemmer folgte dem Ruf des Direktors Bruno Paul nach Berlin an die Vereinigten Staatsschulen für freie und angewandte Kunst für das Fach Perspektive.

Seit Darjas Rückkehr nach Deutschland 1924 schrieb Schlemmer wieder häufig an sie, hielt den Kontakt zu ihren Kindern, die er beide als seine eigenen betrachtete, und versuchte, Darja und sie möglichst häufig zu sehen. Er machte die Kinder mit seiner Familie bekannt, sie waren dort zu Besuch, und er hatte sie auch gern am Bauhaus um sich. Doch die russische Familie hatte auch ihr Eigenleben. Schon 1924 war Ljolja vierzehnjährig in den Jugendverband der Kommunistischen Partei (Komsomol) eingetreten, bald gefolgt von Schlemmers leiblichem Sohn Ljonja. 1930 entschloss sich die Familie, Ljolja die Reise in die Sowjetunion zu ermöglichen. Darja und Ljonja blieben zunächst in Deutschland in der Hoffnung, er könne hier seine Schulausbildung beenden. Da er aber nicht nur Mitglied des Komsomol war, sondern sich dort aktiv engagierte und agitatorische Aktionen leitete, entschloss sich Darja aus Sorge um ihn, nun doch auch ihren Sohn so schnell wie möglich nach Russland zu schicken. Man sah das Unheil mit dem Erstarken der Nationalsozialisten in Deutschland heraufkommen, und jeder musste sich fragen, welche Konsequenzen er daraus für sein eigenes Leben ziehen wollte. Überzeugten

Kommunisten und Ähnlichdenkenden schien es folgerichtig, nach Russland zu gehen, und viele nutzten diese Möglichkeit. Allein aus Darjas Bekanntenkreis hatten bereits die zweite Frau von Karl Liebknecht, Sofia, und ihr Sohn Wilhelm das Land Richtung Russland verlassen; weitere Freunde folgten.

Dass sich die Hoffnung auf Sicherheit und Wohlergehen im kommunistisch regierten Russland jedoch als tragischer Irrtum erweisen konnte, zeigte sich beispielhaft am Schicksal Herwarth Waldens: Walden (eigentlich Georg Lewin) hatte 1910 in Berlin den Verlag und die Zeitschrift *Der Sturm* als »Kampfzeitschrift für moderne Kunst« gegründet – der Titel »Sturm« geht übrigens ebenso wie sein Künstlername auf seine damalige Frau Else Lasker-Schüler zurück. Mit dem erstmalig im März des Jahres erscheinenden Periodikum setzten sich Walden und die von ihm engagierten Autoren für die neuen Kunstströmungen ein, auch für die russische Avantgarde. Ab 1912 folgten Ausstellungen in der inzwischen eröffneten Sturm-Galerie, ab 1917 kamen die Sturm-Bühne dazu sowie eine Kunst- und Buchhandlung. In der Ausstellung *Erster Deutscher Herbstsalon* zeigte Walden 1913 in extra angemieteten Räumen 360 Werke von mehr als 80 Künstlern der internationalen Avantgarde. Dort waren auch viele russische Künstler vertreten wie zum Beispiel Archipenko, Bechtejew, die Brüder Dawid und Wladimir Burljuk, Chagall, Gontscharowa, Jawlensky, Kandinsky, Larionow und Marianne von Werefkin. Von 1919 an beschäftigte Walden sich zunehmend mit russischer Kultur – die Möglichkeiten dafür waren in Berlin vielfältig. Es gab eine große russische Emigrantenenklave mit eigenen Verlagen und Zeitungen; hier gastierten russische Theatertruppen – Stanislawski mit dem Moskauer Künstlertheater, Meyerhold an der Piscatorbühne, Tairow mit dem

Moskauer Kammertheater –, hier konnte man 1926 die Erstaufführung des Eisenstein-Films *Panzerkreuzer Potemkin* sehen, und Walden liebte besonders das Kabarett »Der blaue Vogel« in Berlin-Schöneberg. Er wurde 1920 Mitglied der Kommunistischen Partei, gehörte seit 1928 dem Bund der Freunde der Sowjetunion an, machte mehrere Reisen durch Russland und veröffentlichte seine Reiseberichte. 1932 zog er mit seiner zukünftigen Frau, der Übersetzerin Ellen Bork, von Berlin nach Moskau, arbeitete dort an verschiedenen Projekten und schließlich als Lehrer an einem Fremdspracheninstitut. Als er 1941 wegen Verdachts auf Spionagetätigkeit verhaftet wurde – eine häufig vorgeschobene Allerweltsanklage –, drängte er seine Frau, mit ihrer gemeinsamen Tochter Sina nach Deutschland zurückzukehren, da sie in Moskau unmittelbar gefährdet seien. Da man den Verhafteten nicht helfen konnte und sie ihre Tochter schützen wollte, musste sie sich fügen. Alle folgenden Nachforschungen über Waldens Verbleib waren erfolglos, bis die Familie im Jahr 1966 die Nachricht erhielt, Walden sei am 31. Oktober 1941 in einem Lager in Saratow gestorben. Seine Tochter fand schließlich einen damaligen Mitgefangenen Waldens, der ihr bestätigte, dass Walden an den Folgen der Haftbedingungen im Lager gestorben war. Nur etwa ein Drittel der deutschen Emigranten überlebten in Russland die Stalin-Ära.

Aber auch in Deutschland wurde die Lage bedrohlicher. In den erbittert geführten politischen Auseinandersetzungen der Zeit gewannen zunehmend die Nationalsozialisten Rückhalt in der Bevölkerung. Die NSDAP konnte zunächst bei Landtagswahlen, dann aber auch bei Reichstagswahlen deutliche Gewinne verzeichnen und wurden schließlich bei den Reichstagswahlen von 1932 stärkste Fraktion. Um die überall im Land mit Vehemenz und offener Brutalität ausgetragenen Konflikte zu befrieden, verständigten sich Politiker um den Reichspräsidenten Hindenburg darauf, vorübergehend Hitlers Stärke als einigende Kraft einzusetzen, und so wurde er am 30. Januar 1933 von Hindenburg zum Reichskanzler ernannt. Umgehend begann Hitler mit großer – und für einige seiner Unterstützer unerwarteter – Konsequenz, seine Machtposition zu sichern, auszubauen und die Umsetzung seiner politischen Ziele systematisch voranzutreiben. Schon der Reichstagsbrand in der Nacht vom 27./28. Februar 1933 lieferte ihm den Vorwand für die »Verordnung zum Schutz von Volk und Staat«, die die Verfolgung politischer Gegner durch die Polizei und die SA, die Kampforganisation seiner Partei, legalisierten und eine Verhaftungswelle größten Ausmaßes auslösten. Eine Reihe derartiger Gesetze, in denen die Grauzonen bestehender Verordnungen bis zum Äußersten genutzt wurden, setzten nach und nach wichtige Bürgerrechte außer Kraft oder schufen die Grundlagen für neue Reglementierungen wie zum Beispiel das sogenannte Ermächtigungsgesetz vom 23. März 1933 (»Gesetz zur Behebung der Not von Volk und Reich«), in dem geregelt wurde, dass die Regierung verfassungswidrige Verordnungen und Gesetze erlassen durfte, dass sie berechtigt war, Verträge mit dem Ausland abzuschließen, und dass es gegen diese Befugnisse keine Einspruchsmöglichkeiten und keine Kontrollorgane gab. Mit diesen Gesetzen, die der Demokratie die Grundlagen entzogen, war der nationalsozialistischen Diktatur der Weg bereitet. Seit Dezember 1933 bestand der Reichstag nur noch aus Abgeordneten der NSDAP, die im September 1935 noch die sogenannten Nürnberger Gesetze erließen, in denen eine Diskriminierung »fremdrassiger Elemente« festgeschrieben wurde. Nach dem Tod Hindenburgs wurde Hitler am 2. August 1935 »Führer und Reichskanzler«

des Deutschen Reiches, im selben Jahr wurde die allgemeine Wehrpflicht eingeführt, 1938 wurde Hitler Oberbefehlshaber der gesamten Wehrmacht. Am 9. November 1938 fand die sogenannte Reichskristallnacht statt, organisiert vom nationalsozialistischen Regime. Dabei wurden im gesamten Deutschen Reich Synagogen in Brand gesteckt, jüdische Geschäfte und Wohnungen geplündert, jüdische Menschen beleidigt, gequält, geschlagen und Hunderte von ihnen ermordet – ein Auftakt zu späteren Deportationen und dem Holocaust.

Anfängliche »Erfolge« schienen Hitlers Politik zu rechtfertigen. 1935 wurde durch Volksabstimmung die Rückkehr des Saargebiets in das Deutsche Reich erwirkt, im März 1938 erfolgte der sogenannte Anschluss Österreichs, der durch Volksabstimmung im April des gleichen Jahres bestätigt wurde, ebenfalls 1938 wurde die Abtretung des Sudetenlands an Deutschland durch das Münchner Abkommen vom 29. September beschlossen, 1939 marschierten deutsche Truppen in die Tschechoslowakei ein und ein »Reichsprotektorat Böhmen und Mähren« wurde gegründet. Mit dem Angriff auf Polen ohne Kriegserklärung am 1. September 1939 begann der Zweite Weltkrieg, in den, nach deutschem Angriff ebenfalls ohne Kriegserklärung, am 22. Juni 1941 auch die Sowjetunion verwickelt wurde.

Seit der Ernennung Hitlers zum Reichskanzler wurde der Druck auf politisch Andersdenkende oder sonst unliebsame Teile der Bevölkerung stärker. Außer Juden waren auch Kommunisten besonders gefährdet – umso mehr Darja, die beides war. Anfang 1933 wurde sie verhaftet und saß mehr als zwei Monate im Gefängnis. Ihr wurde klar, dass sie unmöglich in Deutschland bleiben konnte.

Ihr Entschluss, Deutschland zu verlassen, wurde dadurch begünstigt, dass es zwischen Schlemmer und ihr eine gewisse Entfremdung gegeben hatte. 1924 hatte Schlemmer sie zunächst mit offenen Armen empfangen. In einem undatierten Brief aus seiner Weimarer Zeit bekräftigte er, der mit solchen Beteuerungen sonst sehr sparsam war, seine Liebe zu ihr und zu den beiden Kindern, gestand aber auch seine Verwirrung und seine Schuldgefühle wegen der komplizierten Situation, in die Darja, seine Frau, er selbst und alle Kinder ungewollt geraten waren. Die späteren Briefe handelten überwiegend von der Bedrückung, die er darüber empfand, dass er Darja und ihre beiden Kinder nicht so versorgen konnte, wie er gern gewollt hätte. Darja ihrerseits fühlte sich alleingelassen, besonders an Feiertagen wie Weihnachten, die ganz der Familie gehören sollten, und die Schlemmer nie bei ihr verbrachte. Sie hasste ihre Rolle als ewige Bittstellerin und sah ihre Kinder zurückgesetzt gegenüber den Kindern aus seiner Ehe. Gelegentliche Besuche Schlemmers bei ihr waren nie mehr unbeschwert und frei von diesen Empfindungen.

Sein letzter datierter erhaltener Brief an Darja ist vom 1. August 1928, obwohl sie noch bis 1933 in Deutschland war. Seine Beziehung zu den Kindern erhielt Schlemmer aufrecht. Er versuchte, sie so häufig wie möglich zu sehen, war erfreut, wenn sie ihn besuchten, und schrieb ihnen herzlich – an Ljolja auch noch 1932, als sie schon in der Sowjetunion war. Nach 1933 waren diese Verbindungen unterbrochen. Wäre ihr Verhältnis zu Schlemmer noch wie früher gewesen, hätten sie gemeinsam darüber nachgedacht, in welchem Land Darja Zuflucht suchen sollte, aber natürlich konnte keiner von ihnen die weitere Entwicklung in der Sowjetunion voraussehen – und andererseits wollte Darja dort sein, wo ihre Kinder waren und ihre übrige Familie, und so beschloss sie 1933 nach Hause in das jetzt wieder polnische Slonim zurückzukehren.

V.

1933–1941

Bei ihrer Russlandreise von 1918 durfte Darja Slonim nicht besuchen, sodass sie 1933 nach 23 Jahren ihre Mutter Tschaja, ihren Bruder Boma und alle anderen Verwandten erstmals wiedersah. Die Freude war groß, aber die politische Stimmung war aufgeheizt – der Faschismus trat auch hier immer deutlicher in Erscheinung. Es gab antisemitische Aufrufe und Flugblätter, die Ahnung eines bevorstehenden Krieges griff beängstigend in das Leben ein. Nach einem Jahr in Slonim reiste Darja nach Moskau und sah dort ihren Sohn Ljonja wieder – inzwischen ein verheirateter junger Mann von 18 Jahren, der als Trickfilmzeichner unter der Leitung Oleksandr Dowschenkos arbeitete, ebenso wie seine Frau Tamara. Darjas Tochter Ljolja – meine Mutter – arbeitete in einer Autofirma in der Stadt Gorki. Darja suchte und fand Arbeit in Moskau, und für etwa drei Jahre war das Leben für die Familie erträglich. Kontakte nach Deutschland waren nicht möglich.

Dann jedoch begannen die schlimmsten Jahre der Diktatur Stalins. Er hatte 1922 den schwer erkrankten Lenin abgelöst und nach und nach mit unvorstellbarer Brutalität und berechnender Kälte alle diejenigen beseitigt, die seiner uneingeschränkten Macht im Weg zu stehen schienen. Die Gewalt kam in Wellen während der gesamten Stalin-Ära, als deren schlimmste Zeit die Jahre 1936 bis 1938 gelten – die Zeit der Schauprozesse gegen die alten Mitglieder der

Partei. Der gesamte Osten und Norden des Landes war durchzogen von einem System von Arbeits-, Straf- und Sonderlagern, in denen die Überlebenschancen nur gering waren. Es gab hektisch eingesetzte Sondergerichte, Verhöre, Folterungen und Hinrichtungen. Ganze Bevölkerungsgruppen wurden zu Volksfeinden erklärt und zu einem langsamen und schweren Tod in den Lagern verurteilt. In der Zeit der zwangsweisen und ersatzlosen Landenteignungen zugunsten der Industrialisierung waren beispielsweise die sogenannten Kulaken die Opfer – selbstständige Bauern, denen es gelungen war, etwas eigenen Besitz zu erwirtschaften. Selbst Tagelöhner, die hin und wieder für sie gearbeitet hatten, wurden von den Behörden verfolgt und von den Verhörenden willkürlich verurteilt oder auf freien Fuß gesetzt. Aber auch gänzlich ohne Anschuldigung und Prozess verschwanden unliebsame Personen plötzlich aus dem täglichen Leben, und ihr weiteres Schicksal blieb häufig bis heute ungeklärt. Insgesamt wird die Zahl der Opfer der Stalinzeit, die genau nicht zu ermitteln ist, auf etwa 10 Millionen Menschen geschätzt. Es ist kaum vorstellbar, auf welche Weise Tausende von Revolutionären, die ein Leben voller Angst, Verfolgung, Verhaftung, Verbannung auf sich genommen und sich ganz in den Dienst der Sache gestellt hatten, um die Verwirklichung ihrer Ideen zu erreichen, erleben mussten, wohin dieser Kampf geführt hatte – ganz zu schweigen von denjenigen, die im Verlauf der »Säuberungen« hingerichtet wurden.

Einen Eindruck der Abläufe in den Lagern vermittelt in mehreren seiner Werke der universell gebildete und mutige Chronist seiner Zeit Alexander Solschenizyn, der selbst elf Jahre seines Lebens in Lagern und drei weitere in der Verbannung verbringen musste. Der Kurzroman *Ein Tag im Leben des Iwan Denissowitsch* schildert einen beliebigen Tag eines einfachen Häftlings und zeigt, wie viel Schläue, Witz und Energie nötig sind, um im täglichen Überlebenskampf anscheinend selbstverständliche Dinge zu bewältigen. In dem umfassenden Werk *Archipel Gulag* wird die Geschichte der Repressionen und des Lagersystems ab 1918 dargestellt. Kurz nachdem – nach jahrelanger geheimer Arbeit am Manuskript – die Erstfassung des Buchs 1973 in Paris erschien, wurde Solschenizyn aus der Sowjetunion ausgewiesen, nachdem er bereits 1969 aus dem sowjetischen Schriftstellerverband ausgeschlossen worden war. Seine Werke, die zum größten Teil nur im Ausland erscheinen und in der Sowjetunion nur im Untergrund verbreitet werden konnten, machten ihn weltweit bekannt. 1970 erhielt er den Nobelpreis für Literatur. 1990 rehabilitiert, kehrte Solschenizyn 1994 nach Moskau zurück, wo er bis zu seinem Tod 2008 lebte.

Es gab weitere Beispiele für die Auswirkungen der Stalinzeit auf das kulturelle Leben: Den Selbstmord des Dichters Majakowski im Jahr 1930 sahen viele Russen im Zusammenhang mit der Entwicklung, die die revolutionäre Bewegung genommen hatte, und die Intellektuellen verstanden ihn zudem als Ausdruck der Verzweiflung über die Beschneidung der künstlerischen Freiheit. Noch 1925 hatte Majakowski versucht, die Folgen des Selbstmords Jessenins, der damals einer der beliebtesten Lyriker war, durch eine literarisch formulierte, jedoch politisch gemeinte Gegenposition aufzufangen. Jessenin begrüßte die Revolution, hatte aber durch die politische Entwicklung die Hoffnungen, die für ihn damit verbunden waren, verloren. Seine Neigung zu Melancholie und Depressionen, die er in Alkohol ertränkte, nahmen zu und trieben ihn schließlich in den Selbstmord. Er erhängte sich in seinem Leningrader Hotelzimmer, nachdem er am Abend zuvor mit seinem Blut ein Gedicht geschrieben hatte. Die beiden letzten Zeilen des kurzen, betont lakonischen Textes lauten:

»In diesem Leben ist's nicht neu zu sterben,
aber leben ist ja auch nicht neu …«

Jessenins Tod und diese Schlusszeilen lösten eine Selbstmordwelle unter den Jugendlichen aus, die sich wie er von der Revolution nicht mitgenommen fühlten. Majakowski, der »Trommler der Revolution«, versuchte damals, die verheerende Wirkung dieser Verse mit ähnlich eindrucksvollen umzukehren. Die beiden letzten Zeilen seines langen, sehr schönen Gedichts mit dem Titel *Für Sergei Jessenin* lauten:

»In diesem Leben ist das Sterben einfach,
Leben bauen ist dagegen schwer.«

Auch für Darja wurde die Lage wieder kritisch – Gefahr bestand ja inzwischen für jeden Einzelnen, es herrschte absolute Willkür. Die Geheimpolizei war allgegenwärtig, Denunziationen jeder Art griffen um sich. Darja fühlte sich wegen ihrer Auslandskontakte besonders gefährdet. Sie wurde gewarnt und flüchtete zunächst zu engen Freunden, der Familie Finkelberg, die sie vorbehaltlos und herzlich in ihr Sommerhaus nahe der Bahnstation Kljasma nördlich von Moskau aufnahm. Von dort ging es weiter in eine kleine Datscha im Wald. Hier lebte sie fast zwei Jahre lang unter schwierigsten Bedingungen. Es gab keine Möglichkeit, etwas zu essen einzukaufen. Mutter und Tochter Finkelberg brachten ihr in großen Abständen haltbare Lebensmittel, die sie gut versteckte, denn das Haus musste im Fall einer Entdeckung unbewohnt aussehen. Auch sie selbst durfte keinesfalls gesehen werden. Wenn sie verdächtige Geräusche hörte, hatte sie noch einen kleinen Zufluchtsort am Rand des Grundstücks, wo am Zaun dichte Beerensträucher wuchsen – in diesem Winkelchen stand noch eine Matratze bereit, sodass sie zur Not dort auch schlafen konnte. Es war ein schöner Wald, aber sie konnte dort nicht einmal frei spazieren gehen. Es gab keinerlei Unterhaltung oder Ablenkung, und der kommunikativen Darja fehlten ihre Gespräche mit Freunden. Während der schönen Sommermonate war die Situation noch halbwegs erträglich, aber im Winter fehlte der Trost durch die Schönheit der Natur, und zu allem anderen kamen noch die Kälte und der Schnee, der Darja dazu zwang, alle Spuren menschlicher Anwesenheit rund um das Haus immer wieder sorgfältig zu verwischen. In dieser Zeit wusste sie kaum, wie sie Hunger, Kälte und Einsamkeit überstehen sollte. Sie war nicht weit von Moskau entfernt, aber doch völlig aus der Welt.

Allerdings geschah es in Kljasma auch, dass sie viel an Schlemmer dachte und feststellte, dass die häufigen Spannungen der letzten Zeit mit ihm in Deutschland für sie an Bedeutung verloren und schließlich ganz in den Hintergrund traten. Ihr fiel wieder ein, dass sie sich ein kleines Spiel ausgedacht hatten, als sie zusammen und glücklich waren. Sie nahmen aus jeder Ausstellung, die sie gemeinsam sahen, in Gedanken ein Exponat mit – keins von denen, die auf den ersten Blick ins Auge fallen, sondern etwas eher Unscheinbares, das erst beim genauen Hinsehen seinen Wert freigibt. Jeder von ihnen baute sich daraus ein imaginäres Museum. Darja konnte sich an ihr eigenes noch sehr gut erinnern, aber sie musste ihr Gedächtnis anstrengen, um Schlemmers Museum Stück für Stück wieder nachzubauen. Dann aber gehörten beide ihr, und in diese Museen, in denen sie stundenlang spazieren gehen konnte, rettete sie sich, wenn sie besonders unter der Einsamkeit, der eisigen Kälte und dem Schnee litt. Ihr gingen Erinnerungen durch den Kopf, einzelne Bilder tauchten auf, in denen sich die Empfindungen von Stunden, Tagen oder sogar ganzer Lebensphasen kristallisiert hatten. Sie sah Schlemmer eine Treppe herunter ihr entgegenlaufen, eine Sommerwiese und eine kleine Quelle, in die sie beide ihre Füße tauchten, seine Hände bei der Arbeit, seinen konzentrierten Gesichtsausdruck, dachte an Witze, über die sie beide gelacht hatten, sah Werke von ihm vor sich, sah das kleine Tänzchen, das er ihr einmal vorgeführt hatte, um sie zu belustigen. Sie sah auch Abschiede, Schlemmer in Uniform, bereit in den Krieg zu ziehen, sah sich selbst mit einem kleinen Koffer, um nach Dänemark abzureisen – traurige Augenblicke, in denen sie sich aber noch hatten trösten können. Diese Bilder verselbstständigten sich, tauchten in ihren Träumen auf, auch im Alltag als spontane Assoziationen, und wurden allmählich zu einer eigenen Galerie innerhalb der imaginären Museen, und Darja ging es damit, stärker als im Fall der übrigen Exponate, so wie mit unerwartet wiedergefundenen Fotografien aus früheren Zeiten, bei deren Anblick das Licht, der Duft, das Gefühl, die ganze Atmosphäre wieder freigesetzt wird, und sie war glücklich darüber.

Im Jahr 1939 erreichte Darja die Nachricht, dass eine Lockerung der grausamen Verfolgungswelle spürbar sei, und sie kehrte vorsichtig nach Moskau zurück, schränkte aber ihr früheres Leben ein und traf sich nur noch mit sehr guten Freunden. Durch die Freunde bekam sie auch wieder Arbeit als Betreuerin einer Gruppe von Vorschulkindern aus dem Schriftstellerverband der Sowjetunion, die sie bis zum

Beginn des folgenden Krieges in ihrer Obhut hatte. Als der Krieg ausbrach, wurde sie mit dem Literaturfonds nach Tschistopol in der Tatarischen Sowjetrepublik evakuiert.

Der Angriff Hitlers auf Polen am 1. September 1939 hatte den Zweiten Weltkrieg ausgelöst. Es war der bis dahin größte Krieg der Menschheitsgeschichte, an dem sämtliche Großmächte beteiligt waren und der Abermillionen Menschen das Leben kostete. Die Generation, die seit etwa 1880 geboren worden war, musste – zum zweiten Mal in ihrem Leben – einen entsetzlichen Krieg erleben, Darja in der Sowjetunion und Schlemmer in Deutschland.

Darjas Tochter Ljolja hatte vor Kriegsbeginn einen Sohn, Alexei, geboren – das bin ich. Meine Mutter meldete sich darauf freiwillig zur Frontarmee und brachte mich zu Darja nach Tschistopol. Dort lebte ich mit Darja zwei Jahre, bevor wir 1943 nach Moskau zurückkehren konnten.

Ljonja, der Sohn von Darja und Schlemmer, war schon im ersten Jahr des Krieges der Sowjetunion mit Deutschland in der Gegend von Murmansk gefallen. Er war dort Radiosprecher eines Senders gewesen, der in deutscher Sprache für Deutsche vom Gebiet der Sowjetunion aus sendete. Schlemmer, der den Kriegsbeginn mit Russland erschüttert zur Kenntnis genommen hatte, schrieb in einem Brief an seine Frau vom 31. August 1941, dass ein fremder Sender »mitten in den Deutschlandsender hinein« spricht. Es ist eine sehr seltsame Vorstellung, dass er auf diese Weise womöglich zum einzigen Mal die erwachsene Stimme seines Sohnes gehört haben könnte. Jedenfalls hat er nie etwas über den Tod seines Sohnes erfahren.

Darjas Familie wurde von den Nationalsozialisten beim Rückzug aus Slonim erschossen: ihre Mutter, ihr Vater, ihr Bruder Boma, ihre

Schwester Polina und die Kinder ihrer Schwester. Insgesamt wurden von Sommer 1941 bis zum Herbst 1943 in Slonim 45 000 Juden von den Deutschen ermordet. Die Söhne ihres Bruders Boma waren schon zuvor als Zwangsarbeiter nach Deutschland verschleppt worden, und über ihr weiteres Schicksal war nichts mehr zu erfahren. Darjas Tochter Ljolja war 1944 in den Kämpfen um den Brückenkopf Sandomierz in Südpolen nahe Krakau gefallen. Darja hatte außer allen nahen Verwandten auch ihre beiden einzigen Kinder verloren. Aber sie hatte mich, ihren Enkel. In dieser Zeit begann sie, mich Ljonja zu nennen – wie früher ihren und Schlemmers gefallenen Sohn Leonid.

Schon am 4. März 1932 hatte Schlemmer in einem Brief an Darjas Tochter Ljolja von seiner Beunruhigung wegen der bevorstehenden Wahlen in Deutschland geschrieben. Als die NSDAP tatsächlich stärkste Fraktion im Reichstag geworden und Hitler von Hindenburg zum Reichskanzler ernannt worden war, verließen viele Künstler Deutschland, und die übrigen waren – ähnlich wie es einige Jahre zuvor in der Sowjetunion passiert war – einer engstirnigen Kunstreglementierung ausgeliefert, die zunehmend restriktive Vorgaben machte.

In Russland war es zunächst nur darum gegangen, keine antikommunistischen Themen zu bearbeiten – ein Beschluss des Zentralkomitees der Kommunistischen Partei von 1925 billigte den Künstlern noch eine gewisse Freiheit der formalen Gestaltung zu. Mit einem zweiten Beschluss bereitete das Zentralkomitee diesem Zustand im Jahr 1932 jedoch ein plötzliches Ende. Darin wurde gefordert, alle literarischen und künstlerischen Organisationen, Vereinigungen und Gruppen zugunsten eines einzigen Schriftsteller- beziehungsweise Künstlerverbandes aufzulösen, der streng der staatlichen Ideologie und inhaltlich wie formal dem sozialistischen Realismus verpflichtet sein sollte. Diese Forderung wurde 1934 auf dem 1. Allunionskongress der Sowjetschriftsteller in ein Statut umgesetzt.

Im Januar 1933 war Schlemmers engster Freund Otto Meyer-Amden gestorben – ein furchtbarer Verlust für Schlemmer, und doch nur der Auftakt zu vielen weiteren Schicksalsschlägen. Die erste große Retrospektive seiner Werke im Württembergischen Kunstverein Stuttgart wurde im März 1933 von den Nationalsozialisten untersagt. Einziger Lichtblick für Schlemmer: Einige Exponate wurden in einem gesonderten Raum noch für bestimmte Interessenten zugänglich gehalten, und dadurch fand das Gemälde *Bauhaustreppe* im zukünftigen Direktor des New Yorker Museum of Modern Art, Alfred Barr, einen Käufer. Es folgte die Diffamierung Schlemmers durch ein Nazi-Plakat an den Vereinigten Staatsschulen in Berlin und seine fristlose Entlassung im Mai 1933. Als überdies Werke von Schlemmer 1937 in der Ausstellung »Entartete Kunst« gezeigt wurden, verlor er die Grundlagen seiner Arbeitsmöglichkeiten. Nur sporadisch gab es noch einige private Aufträge, einige wenige mutige deutsche Galerien zeigten hin und wieder seine Werke – größere Ausstellungen aber fanden nur noch im Ausland statt, so zum Beispiel in New York oder London. Durch diese Umstände geriet Schlemmer mit seiner Familie in größte finanzielle Bedrängnis und sah sich gezwungen, ab März 1938 einfache Arbeit in einer Malerwerkstatt anzunehmen.

Im Auftrag dieser Firma führte er seit Beginn des Zweiten Weltkriegs Tarnanstriche für militärische Einrichtungen aus, für einzelne Gebäude, Fabriken und andere besonders gefährdete Objekte, die vor Luftangriffen geschützt werden sollten. Als echter Künstler suchte und fand Schlemmer aber auch hier die Herausforderung. Gebraucht wurden jeweils umgebungsgerechte Entwürfe in Dimensionen, die weitaus größer waren als alles, was Schlemmer bisher an Wandmalereien realisiert hatte. In einem Brief an seine Frau Tut vom 21. November 1939 beschrieb er ihr einen Gebäudekomplex von sieben Hallen, von denen jede 90 Meter breit, 17 Meter hoch und 42 Meter tief war. Er befasste sich intensiv mit den Entwürfen, schrieb seine Überlegungen dazu in Briefen und Tagebuchnotizen nieder und thematisierte diese Arbeit in dem Gemälde *Beim Tarnen des Gaskessels*.

Trotzdem war er sicherlich sehr froh, als ihm sein langjähriger Weggefährte Willi Baumeister, der ihm schon die Arbeit in der Malerwerkstatt vermittelt hatte, im Juni 1940 zu einem Auftrag im Laboratorium der Lackfabrik Dr. Herberts in Wuppertal verhalf. Hier bot Kurt Herberts einer Reihe von verfolgten Künstlern eine Überlebensmöglichkeit und Spielraum für kreative Tätigkeit. Außer Baumeister und Schlemmer waren hier noch Georg Muche, Gerhard Marcks, Edwin Scharff, Franz Krause und andere versammelt. Schlemmer konnte sich hier wieder unter seinesgleichen fühlen und hatte Gelegenheit zu künstlerischem Erfahrungs- und Gedankenaustausch. Die Arbeit wurde konsequent, aber ohne Druck ausgeführt. Sie war nicht an kurzfristigen Ergebnissen orientiert. Das Anliegen bestand darin, möglichst vielfältige Eigenschaften und Anwendungsbereiche von Lacken experimentell zu erproben, ihre Verwendbarkeit zu testen und die Ergebnisse zu publizieren. Die Versuchsreihen führten dazu, dass jeder der Beteiligten nach und nach seinen eigenen individuellen Stil entwickelte. Schlemmer wandte sich ab Oktober 1941 wieder dem Raum zu und arbeitete an einem Entwurf für ein »Lackkabinett«, das zwar nicht allzu groß, aber als vollständig geschlossener Raum konzipiert war. Wesentlich war ein Rastersystem, das ein Auswechseln der einzelnen Lacktafeln zu immer neuen Raumwirkungen ermöglicht hätte. Das Kabinett wurde trotz der weit fortgeschrittenen Arbeit daran leider nie realisiert, doch erhaltene Lacktafeln und Gesamtentwürfe geben einen Eindruck davon. Ab November 1941 plante Schlemmer aus Spielfreude ein kleines Lackballett, den *Reigen in Lack* von wenigen Minuten Dauer, das zum 70-jährigen Jubiläum der Firma Herberts am 6. Dezember auf der Jubiläumsfeier im Barmener Theater aufgeführt wurde. Zu einer Sarabande von Händel zeigten sechs junge Mädchen einen ruhigen Tanz, dessen Reiz vor allem in den Kostümen lag, die aus fantasievoll kombinierten einfachen Elementen in den schönsten Lackfarben bestanden. Der Firmenchef Kurt Herberts war entzückt, und auch in der Presse wurde es als besonders reizvoll hervorgehoben.

VI.

1942–1972

Von April bis Juli 1942 arbeitete Schlemmer an einer Serie von achtzehn Bildern, in denen er Blicke in die Fenster gegenüberliegender Häuser darstellte. Sein Motiv war die Zeit abends zwischen neun und halb zehn Uhr – in diesen Kriegszeiten bedeutete das kurz vor der Verdunklung. Seinen Eindruck dabei beschrieb Schlemmer in einem Brief an Julius Bissier vom 11. Mai 1942: »Wenn dann die beginnende Nacht mit den beige-orange-braun-weiß-schwarzen Interieurfetzen kämpft, so ist das schon eine ganz erstaunliche Optik.« Und ebenfalls an Julius Bissier schrieb er am 13. November 1942: »Die Fensterbilder habe ich wirklich in einem Glücksgefühl gemalt, mit ›innerer Bewegung‹, und es ist eigentümlich, daß sich dies anscheinend unmittelbar auf den Beschauer überträgt, was uns der beste Prüfstein für den Wert einer Sache ist.«

Im gleichen Jahr verstärkten sich die Symptome einer Erkrankung, die bereits seit 1940 wiederholt in Erscheinung getreten waren. Nach mehreren Krankenhausaufenthalten starb Schlemmer noch nicht ganz 55-jährig am 13. April 1943 während einer Kur in Baden-Baden.

Ab 1946 wurde Schlemmer kulturpolitisch rehabilitiert und mit Ausstellungen in vielen deutschen Städten geehrt. Das außerordentlich schwierige letzte Lebensjahrzehnt Schlemmers ab 1933 legt die Vermutung nahe, dass er in Verzweiflung und Verbitterung starb. Mir als Betrachter seines Werks und Leser seiner Tagebücher und Briefe erscheint das anders. Auf der einen Seite stehen zwar die Depressionen, Komplexe und Krisen – auf der anderen jedoch ein selten geschlossenes, eigenständiges, unverwechselbares künstlerisches Werk, mit dem Schlemmer sich nach wie vor identifizierte. Es ruhte in ihm als ein unangreifbarer Pol, als sein Mittelpunkt, der ihn im Kern seines Wesens unverwundbar machte, auch wenn Aufregungen und Existenzängste ihn physisch geschwächt hatten. Wahrscheinlich deshalb werden die Nationalsozialisten, die Verursacher seiner eingeschränkten Situation, in Schlemmers Briefen oder Tagebüchern, soweit sie mir zugänglich waren, kaum erwähnt. Schlemmers Gedanken kreisten auch jetzt hauptsächlich um die Kunst, und wenn er von seinen persönlichen Lebensumständen schrieb, so war das häufig verbunden mit einem positiven Blick in die Zukunft.

An Julius Bissier schrieb er am 6. Februar 1943 im Zusammenhang mit seiner Krankheit: »Ich sage auch so: das ist die Quittung für die vergangenen zehn Jahre der Irritierungen, regelrechten Irrungen, der Entwurzelung, der Entfremdung seiner Sache. Ob der noch verbleibende Lebensrest genügt, dies wieder einzurenken, ja, die Summe zu ziehen dessen, was gewollt war¿ Eigentlich dürfte es kein Besinnen geben, dies mit der letztverfügbaren Kraft zu tun. Ich muß wieder meine Welt um mich bauen, meine Bilderwelt und auch Seinswelt.«

Am 17. Januar 1943 erzählte er Bissier in einem Brief davon, wie nah er bereits dem Tod war und dass er, seiner Krankheit wegen, sein Leben ändern werde, in seinem Haus in Sehringen leben wolle und den vertraglichen Verpflichtungen in Stuttgart und Wuppertal nur noch gastweise nachkommen werde. Er schließt: »Ich scheine auf diesem ungewöhnlichen Weg endlich zu mir selbst und zu meiner Malerei zu kommen – und male sie mir und dieses ganze Leben einstweilen aus. Wie existieren? Auf den Versuch hin. Man hat ja Freunde. Vita nuova.«

Darja wusste sehr lange nicht, dass Schlemmer gestorben war. Ihre Versuche, etwas über ihn zu erfahren, waren ergebnislos geblieben. Nach ihrem Erlebnis in der Einsamkeit von Kljasma war er ihr wieder ganz nah gerückt, und in Gedanken sprach sie manchmal mit ihm. Sie hütete weiter sorgfältig ihre Erinnerungen an ihn, jeden seiner zahlreichen Briefe und alles, was sie sonst als Andenken an ihn besaß.

Nachdem sie 1943 aus der Evakuierung mit mir nach Moskau zurückgekehrt war, holten sie die traumatischen Erlebnisse der letzten Jahre ein. Hunger und alle anderen Entbehrungen und Sorgen der vergangenen Zeit hatten sie erschöpft, und sie musste für längere Zeit in ein Krankenhaus. Mich gab sie so lange in ein Kinderheim. Die Heime waren voll, es gab zu dieser Zeit sehr viele Waisenkinder. Als Darja sich ein wenig erholt hatte, kam sie gemeinsam mit Karl Liebknechts Sohn Wilhelm, um mich abzuholen. Er kümmerte sich seit dieser Zeit väterlich um mich, unterstützte uns regelmäßig mit Lebensmitteln, nahm mich mit auf Spaziergänge in der Umgebung von Moskau und wurde mir zum Gesprächspartner, mit dem ich über meine Erlebnisse in der Schule, über Bücher, die ich las, über alle Fragen, die mich beschäftigten, sprechen konnte. Zugleich lebten wir in ärmlichsten und beengtesten Verhältnissen in einem sieben Quadratmeter kleinen Zimmer. Die Regierung zeigte sich gewöhnlich ihren treuen Anhängern gegenüber niemals dankbar. Darja als Mutter zweier im Krieg gefallener Kinder war zwar eine größere Wohnung versprochen, aber erst im Jahr 1972, als das alte Haus abgerissen werden sollte, gab man uns eine kleine Zweizimmerwohnung. Die kärgliche Rente, die Darja erhielt, reichte kaum für die notwendigsten Lebensmittel. Darja – intellektuell eine echte Weltbürgerin, die in Moskau und St. Petersburg gelebt hatte und sich in Warschau, Berlin, Kopenhagen, Oslo und Stockholm sicher bewegte, die mit mehreren Sprachen und Kulturen vertraut war, Künstler zu Freunden hatte und deren Werke kannte – war nun für fast dreißig Jahre zurückgeworfen auf sieben Quadratmeter Wohnfläche, die sie mit mir, ihrem Enkel, teilte. Sie konnte kaum den notwendigsten Lebensunterhalt bestreiten. Dieses Schicksal trug sie mit der Leidensfähigkeit, die als ein Wesenszug des russischen Volkes gilt. In der Mitte der 1960er-Jahre hätte sie die Möglichkeit gehabt, für immer nach Israel auszuwandern. Sie nahm diese Gelegenheit jedoch nicht wahr und sagte mir, nur meinetwegen sei sie nach den schrecklichen Erlebnissen der Kriegsjahre noch am Leben, nur mein Dasein habe ihr Mut gegeben und ihr viel Freude bereitet und sie werde mich auf keinen Fall jetzt verlassen.

Zu meinen schönsten Kindheitserinnerungen gehören Abende, an denen meine Großmutter sich an mein Bett setzte und mir Märchen auf Deutsch oder Russisch erzählte, die in meiner Einschlaf-Fantasie verschwammen und in meinen Träumen weiterlebten, oder schöne melodische Lieder für mich sang, die ich bis heute im Gedächtnis habe. Auch werde ich immer eine ungewöhnliche Begegnung in Erinnerung behalten: Eines Tages nahm meine Großmutter mich mit ins Staatliche Jüdische Theater (russisch abgekürzt GOSET), das 1919 als erstes jüdisches Theater mit festem Standort gegründet worden war und Stücke in jiddischer Sprache aufführte. Wir wurden dort überaus freundschaftlich empfangen von dem damals berühmten Schauspieler und Regisseur Solomon Michoels. Er nahm mich auf die Knie und zu meinem Entzücken steckte er mir immer wieder Schokoladenstückchen in den Mund – für ein Kind, dem es meistens am Nötigsten fehlte und das Hunger gewöhnt war, ein großes Erlebnis. Meine Großmutter war seit langer Zeit mit Michoels befreundet. 1928 hatte sie ein Gastspiel des Theaters in Berlin mitorganisiert, und Michoels kannte auch ihren und Schlemmers Sohn Ljonja, der unter anderem als Bühnen- und Kostümbildner tätig gewesen war. Großmutter und ich gingen ganz beseligt nach Hause. Aber auch Michoels wurde ein Opfer Stalins. Er hatte 1941 die Leitung des Antifaschistisch-Jüdischen Komitees übernommen und 1943 in dieser Funktion die USA und andere Länder bereist. Allein in den USA hatte er mehr als 30 Millionen Dollar gesammelt, um die Eröffnung einer zweiten Front gegen Deutschland zu beschleunigen. Während des Krieges war das ganz in Stalins Sinn gewesen – nach dem Krieg jedoch wollte er Kontakte sowjetischer Juden mit Juden nichtkommunistischer Länder wegen deren angeblicher Zugehörigkeit zur sogenannten Bourgeoisie und im Zusammenhang mit der Verfolgung von Kosmopoliten unterbinden. 1948 wurde Michoels nach Minsk geschickt und kam dort angeblich bei einem Verkehrsunfall ums Leben. Heute weiß man, dass Michoels auf einer Straße in der Nähe von Minsk vom Geheimdienst getötet wurde. Das Theater wurde ein knappes Jahr später geschlossen, nahezu alle Mitglieder des Antifaschistisch-Jüdischen Komitees erschossen.

1953 starb Stalin. Das Land atmete auf, und es verbreitete sich ein Gefühl der Hoffnung. Für dieses Gefühl symptomatisch wurde der Kurzroman *Tauwetter* von Ilja Ehrenburg, erschienen in zwei Teilen 1954 und 1956, in dem nicht vorrangig äußere Ereignisse, sondern vielmehr die Konsequenzen der neuen Möglichkeiten zu

Veränderungen am Beispiel der Bewohner einer Provinzstadt dargestellt werden. Ehrenburg war ein anerkannter und erfolgreicher Schriftsteller, dessen Talente vor allem im journalistischen, essayistischen und satirischen Bereich lagen. Der Roman ist nicht so sehr seiner künstlerischen Bedeutung wegen bis heute im Bewusstsein geblieben, sondern als Ausdruck dessen, was die Menschen in dieser Zeit empfanden. Der Titel *Tauwetter* wurde zum Schlagwort und bezeichnete ein ganzes Lebensgefühl.

In den Jahren nach Stalins Tod erhielt Darja endlich die Nachricht von Schlemmers viel zu frühem Ende. Es war ein weiterer Schicksalsschlag für sie, und sie weinte lange. Sie wurde älter und gebrechlicher, aber ihre Erinnerungen an Schlemmer blieben immer verbunden mit dem Gefühl krankheitsloser Stärke, jugendlicher Glätte, naivangstloser Zuversicht, unbekümmerter Leichtigkeit.

Darja starb am 24. Dezember 1972 im Alter von 83 Jahren in der kleinen Wohnung in Moskau, die ihr erst im selben Jahr zugebilligt worden war.

Ich verabschiede mich von meiner Großmutter. Ich stehe an ihrem Urnengrab in Moskau und singe für sie in Gedanken ein russisches Volkslied, das sie selbst oft für mich gesungen hat mit den Schlusszeilen:

»Rausche, rausche Birke und trockne die Tränen.«

9 Porträt Oskar Schlemmer (Selbstinszenierung), aus der Mappe *9 jahre bauhaus. eine chronik*, um 1929

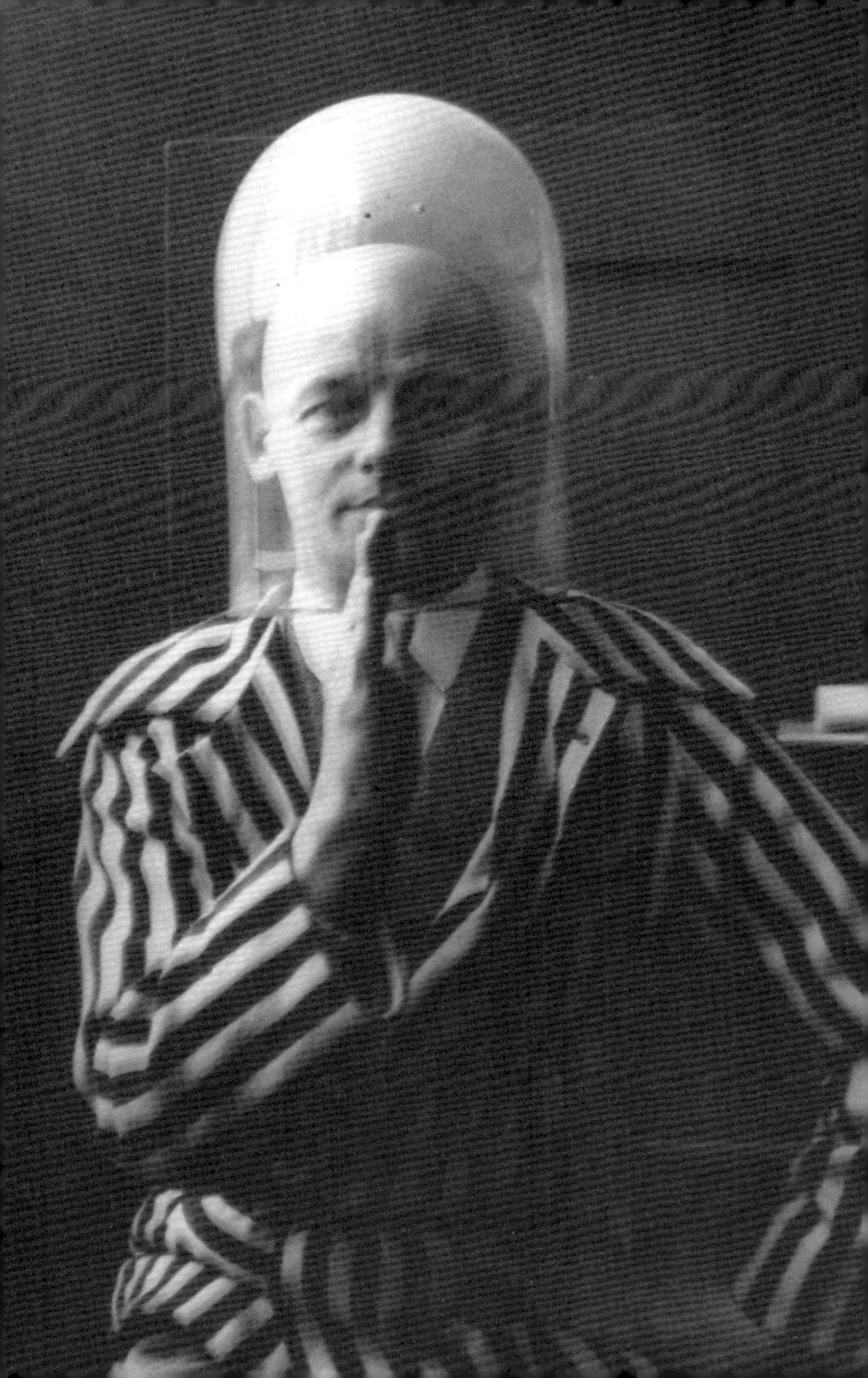

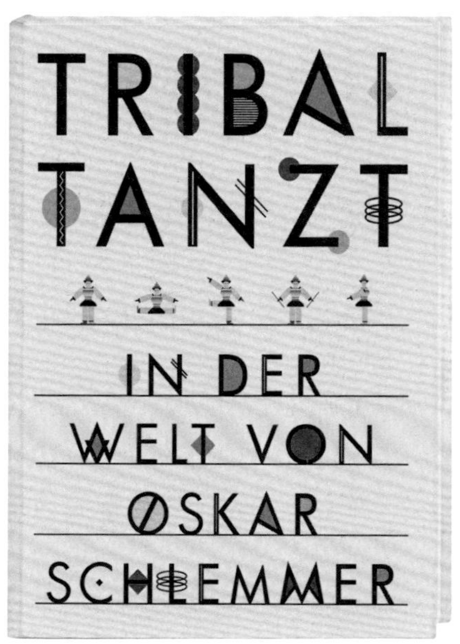

Tribal tanzt – In der Welt von Oskar Schlemmer

Anne Funck

Hg. Staatsgalerie Stuttgart
32 Seiten, 35 Abbildungen, 24 × 28, gebunden
978-3-943616-23-1, 9,90 €

»Bunt, schön bebildert mit historischen Fotografien und Abbildungen von Gemälden wie Kostümen präsentiert sich das Kinderbuch.« SÜDDEUTSCHE ZEITUNG

Ausgezeichnet mit dem Leselotsen Juli 2015

Tribal, der neue Tänzer der Balletttruppe, schlüpft in eines von Schlemmers verrückten Kostümen und begibt sich auf Spurensuche. Dabei trifft er Figuren wie die kugelige Smartie-Dame, die Tütentänzerin und den Drahtmann, nimmt am Drachenfest der Kunstschule Bauhaus teil und mischt sich unter die Studenten. Mit einem fantasievollen und gleichzeitig informativen Text für Kinder ab dem Grundschulalter sowie einem Layout, das die Bauhaus-Ästhetik aufgreift, wird dieses Kinderkunstbuch zu einer unwiderstehlichen Einladung in die Welt von Oskar Schlemmer.

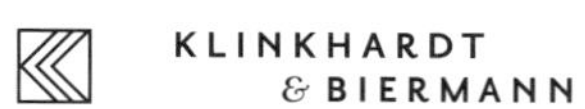

Bildnachweis

Umschlagvorderseite Oskar Schlemmer, *Duo*, 1930, Öl auf Leinwand, 90,3 × 45,8 cm, Privatsammlung [Von Maur 1979, G 201]
Vorsatzpapier Schlemmers Atelier, Stuttgart, Untere Anlagen, 1919

Alle Abbildungen im Innenteil wurden vom Autor zur Verfügung gestellt.

Zu den für dieses Buch herangezogenen Quellen gehören die Briefe von Oskar Schlemmer an Darja Jekimowski, die im Oskar Schlemmer-Archiv, Staatsgalerie Stuttgart, erhalten sind.

Impressum

Die Deutsche Nationalbibliothek verzeichnet diese Publikation in der Deutschen Nationalbibliografie; detaillierte bibliografische Angaben sind im Internet über http://dnb.de abrufbar.

Lektorat Hirmer Verlag
Gestaltung Akademischer Verlagsservice Gunnar Musan
Lithografie Repromayer, Reutlingen
Papier LuxoArt Samt New, 150 g/m²
Schriften Stempel Schneidler; Bauhaus
Druck und Bindung Passavia Druckservice GmbH & Co. KG, Passau
Printed in Germany

ISBN 978-3-7774-2939-7

www.hirmerverlag.de

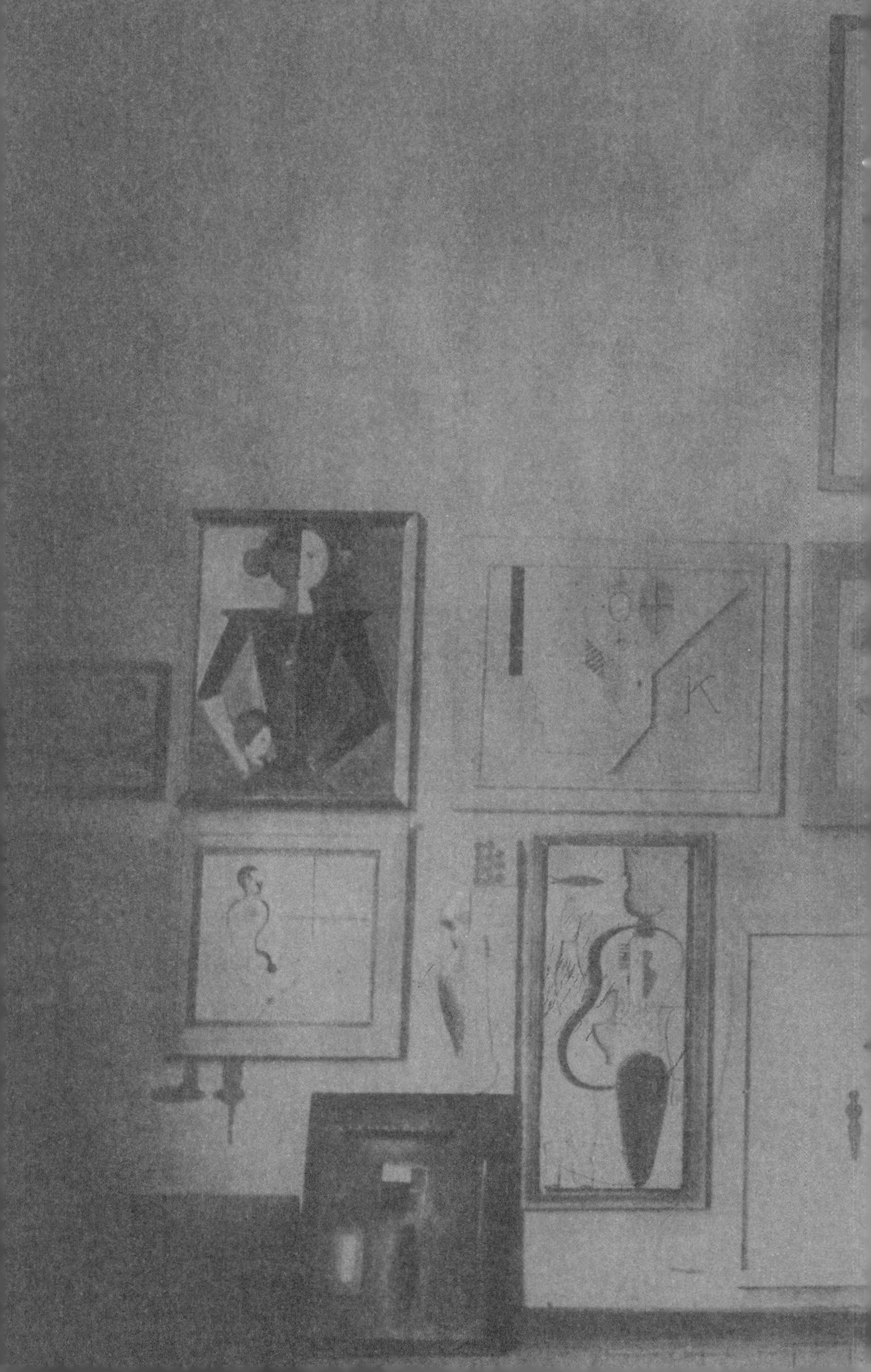